# 死ぬまで、努力

## いくつになっても「伸びしろ」はある

丹羽宇一郎 Niwa Uichiro



NHK出版新書
613

# はじめに

人は何のために生き、何のために仕事をし、幸せになろうとするのでしょうか。

私たちは、いつも答えのないまま、将来への不安を日々感じながら、自分の心と自分の生き方に自信を持てない生活を送っています。

私が二〇年以上つけている日記——伊藤忠商事の社長を務めるかなり前からのもので、「二〇年日記」と呼んでいます——を見返してもそう思うのですが、私たち人間は何歳になっても同じようなことを考え、同じような行動を繰り返しているようです。

驚くべきことに、まるで進歩しておらず、変わっていません。考え方も日々の生活も、人間の好き嫌いや、毎回の食事の内容さえ、ほとんど何も変わっていないのです。

一方で、私たちは、こうした自覚をある年代になると持つようになります。人間は変わらないという自覚です。そして、思うのです。「人生とは、これを死ぬまで続けていくということなのか」と。

おそらく、「イエス」と言わざるを得ないでしょう(Oh, no !)。

それでは、もし人間以外の動物と同じように、ただ年を重ね、風采《ふうさい》が変化するだけだとしたら、その人生はまったくの無駄なのでしょうか。


そうではない、ということをこの本では言いたいのです。

「人間は死ぬまで努力だ！」と、私はいろいろなところで話してきました。それは、努力なくしては現状維持をすることすら、あり得ないからです。もし生活や行動など、表面上のさまざまなことが変わらなかったとしても、「心」の成長だけは限りはありません。

いつか努力が開花する瞬間、私はそれを「ＤＮＡのランプに灯《あか》りが点《とも》る瞬間」と表現しています。もちろんランプが点る時期には個人差があります。そのため同じように努力しても、すべての人が同じ時期に点るとは限りません。

なかには定年間際になって点る人もいるかもしれませんが、今は人生一〇〇年時代を迎えつつある時代。人生は、そこからさらに何十年も続きます。

昨年八〇歳を超えたこともあり、私は最近「Do your best everyday !」という言葉を強く意識するようになりました。「死ぬまで努力！」と同じことを言っているように思われるかもしれませんが、この言葉は、もう少し具体的な形で「毎日ベストを尽くして生きる」ことを自らに課すものです。

若いうちは、何か間違った行動や判断をしてしまっても、次の機会に繰り返さなければいいだけですが、私ぐらいの年齢になると、その次があるかどうかわかりません。だからこそ、日々ベストを尽くしているか、と絶えず自分に問いかける必要があります。「これがベストの判断、行動だ」と信じて常に全力で取り組むことができていれば、それがどういう結果であれ、後悔しないで生きることができるからです。

本書は、このような視点から仕事を含めた人生との向き合い方について記したものです。詳しくはぜひページをめくって、読んでみてください。連続小説とは違い、自分が関心のある部分から読み始めてもらってかまいません。
さあ、スタートしましょう。

# 死ぬまで、努力——いくつになっても「伸びしろ」はある　目次

人を育てることを怠る企業に未来はない
終身雇用を崩壊させてはならない
「働き方改革関連法」は仕事を悪と捉えている
アメリカ人も日本人以上に働いている
部下の言葉を鵜呑みにするな
ルールや規則ではすべてを解決できない
正社員より給料が高い非正規がいてもいい
女性の働き方は日本だけの問題ではない
「経営者の論理」より「働く側の論理」を優先すべき

## 第四章　「Do your best everyday !」──日々後悔なし……99

「定年」という概念はなくなりつつある
肩書きがそれほど大切なら、背中に書いておけ
バカになりたくなければ、生活は変えるな
仕事の喜びとは「無形の幸せ」にある
毎日釣りやゴルフをやっていたら必ず飽きる
仕事の仲間は、学生時代の仲間とは違う

# 第一章

# 「心の成長」に終わりはない

## 「くれない症候群」という落とし穴

身近な話から始めましょう。

「出世できないのは、自分のことをきちんと評価してくれないからだ」「プロジェクトがうまく進まないのは、あいつが足を引っ張っているせいだ」などと、うまくいかないことを他人のせいにしてばかりいる人が、みなさんの周りにも一人や二人いるのではないでしょうか。

私はそういう人のことを、「〜してくれない」といつもボヤいていることから「くれない症候群」と呼んでいます。

人間はどうしても、自分中心に世界がまわっていると考えてしまいがちなので、「〜してくれない」と思うのは、ある程度は仕方がないことかもしれません。

しかし、自分ではたいした努力もせずに、うまくいかない原因をいつも人のせいにするのは、私から言わせれば、単なる言い訳、甘えです。そういう人はいつまで経っても人間としての成長が望めないし、人生を自分で切り開いていく力も身につきません。

「くれない症候群」に陥《おちい》りやすいのは、依存心が強い人、自分に過剰な自信を持っている人です。「くれない症候群」と思われる人に、自分の仕事ぶりを自己評価してもらうと、おそらくこんな答えが返ってくるでしょう。

「私は誰よりも一生懸命仕事をしている。常に一〇〇%、いや一二〇%の力を出しきって頑張っている」

そもそも、こんなふうに考えてしまうことが大きな落とし穴です。人間というのは自分が一番かわいいため、自分に対する評価が甘くなりがちです。一〇〇%頑張ったと自分では思っていても、他人の目から見たら五〇~八〇%程度の頑張りにしか見えていないことがほとんど。

私の経験から言わせていただくと、大半の人は、自分の実力を一・五~二倍くらいに過大評価しています。

自信を持つこと自体は決して悪いことではありません。自信を持つことで、人は前向きになれるし、いろいろなことに積極的にチャレンジできるようになります。しかし、たいした実力もないのに過剰な自信を持ってしまうことは問題です。

「自分はいつも一〇〇％の力で仕事に取り組んでいる」と考えるようになると、仕事がうまくいかなかったときに、「私には非はない。悪いのは上司や会社だ」と原因を外に求め、不平や怒りを他人に向けるようになってしまいます。これが「くれない症候群」です。

## 自分に対する評価は必ず甘くなる

お恥ずかしい話ですが、私も新入社員の頃、「くれない症候群」に陥っていた時期があります。

当時の日本は「鉄は国家なり」と言われていた時代で、あらゆる産業分野の基礎素材となる鉄鋼が商社の花形部門でした。当然、私も入社時は鉄鋼部門を希望していたのですが、配属されたのは食品原料を中心に扱う油脂部門でした。

鉄鋼部門に配属になった同期の仲間は、入社してすぐ海外と日本を行き来するようになり、いっぱしの商社マンのような顔をして華々しく活躍しているのに、私はといえば、毎日机に向かって地味な仕事ばかり……。

口には出さなかったものの、「こんな仕事などやっておれん。一生懸命働いているのに、どうして他の部署の同僚より給料が低いのだ。会社は俺のことをもっと評価してくれていいのではないか」と、いつも心のなかで思っていました。

おそらく不満が表情や態度に出ていたのでしょう。あるとき、課長からこんなことを言われました。

「おい丹羽くん。能力というものは自分で評価するものじゃない。他人が評価するものだ」

正直なところ、この言葉は、心にドーンと響くものがありました。と言っても、自負心の強い人間です。「なにくそ、今に見ておれ！」と反骨精神丸出しで毎日夜の一一時頃まで、残業時間が会社で五位以内に入るぐらい働きました。

しかし、そうやって死ぬ気で仕事に取り組んでいるうちに、やがてこんなふうに謙虚に考えられるようになったのです。「試験のある学校と違い、社会での評価というものは、点数で決めるものではなく、周りから自分が必要とされているかどうかが基準になるのではないか……」と。

学生のときは、試験の点数や偏差値を見れば、自分に対する評価がはっきりわかります。

しかし社会に出ると、相対的に評価される機会はそれほど多くありません。営業マンの場合は売り上げや契約数などが数字に表れますが、特に先輩の下について雑用仕事をやっている新人の頃は、努力が数字として見えてきません。そのため、私も自分に対する評価が知らないうちに甘くなっていたのかもしれません。

### 「黒い虚栄心」と「白い虚栄心」

自分を実質以上に大きく見せたいと願う気持ちを虚栄心と言いますが、私はよく虚栄心には二種類あるということを言っています。それは「白い虚栄心」と「黒い虚栄心」です。

「白い虚栄心」の持ち主とは、自分のなかの虚栄心(願望)を実現するために一生懸命努力する人のことです。自分でハードルをどんどん上げていくけれど、それをクリアするために陰で地道に努力するのがこのタイプ。

一方、「黒い虚栄心」の持ち主とは、自分の力で虚栄心を実現する力はなく、他人の仕事の成果を横取りしたり、姑息《こそく》な手を使ったりして、ライバルを蹴落として上に登ろうとする人のことを指します。

たとえば、部下の成功を自分がやったように自慢したり、ミスを人のせいにしたりして逃げようとするのがこのタイプです。「くれない症候群」はここにも含められるかもしれません。自分を大きく見せたいという願望自体が悪いわけではなく、それを実現する手段が、問題だということです。

虚栄心は誰もが持っている人間の性《さが》でしょう。「誰かに認められたい、人より優れていると思われたい」という虚栄心を持っているからこそ、人間は向上心を抱き、もっと上を目指そうと努力するようにもなります。ある意味では、虚栄心は人間の成長の原動力になっていると言っても過言ではないのです。

話はそれますが、見た目や外見を必要以上に飾ろうとする人がいますが、これも虚栄心のひとつの表れと言っていいでしょう。この場合も中身がちゃんと伴っていれば問題ないのですが、馬子にも衣装でしょうか。風采ばかり気にする人がいます。

「ぼろを着ても心は錦《にしき》」という言葉があるように、人間は外見ではなく中身が大事なことは言うまでもありません。正しい心、清らかな心を持っていれば、顔がブサイクだろうが安っぽい背広を着ていようが、内面の美しさは自然にその人の魅力となってにじみ出てくるものです。いくら高い服を着ていても、どんなに綺麗に化粧していても、見る人が見れば、中身があるかないかは、すぐにわかってしまいます。

いずれにせよ、人からよく見られたいという虚栄心、自分より優れた人に抱く嫉妬心、誰にも負けたくないという競争心は、人間なら誰もが持っているものです。ただ、それをあからさまに態度に出したり、間違った方法で実現しようとしたりするから、人間としての価値が下がることになる。

自分のなかの虚栄心と上手に付き合い、プラスの方向に転化させていくのは、社会を生き抜くために必要なことです。

## ギブを優先して行動すると人生は変わる

もうひとつ、「黒い虚栄心」や「くれない症候群」を克服するには、「〜してくれない」と考える前に「〜してあげよう」という姿勢を持つことも大事です。

人間社会はギブ&テイクの原則で動いています。相手に何かをしてあげたら、次は相手から何かをしてもらう。逆に相手に何かしてもらったら、次は自分がお返しをする。そういう持ちつ持たれつの関係で社会は回っています。

ギブとテイクのバランスがとれていれば問題ないのですが「くれない症候群」に陥っている人は、テイクばかりを求めがちです。だから「なぜ〜してくれないの？」と常に思ってしまう。テイクよりもギブを優先して行動すると、人生は変わります。

「見返りが期待できるかどうかわからない相手に、何かしてあげても自分の得にならない」と考える人もいるかもしれませんが、すぐに見返りが期待できなかったとしても、人のために何かをすると、巡り巡っていつかは自分のもとにプラスとなって返ってきます。

また、そのように功利的に考えずとも、自分への利益や見返りがまったく期待できない相手に、ギブを行う価値はあります。なぜなら人間の脳はギブだけでも十分幸せを感じるようにプログラミングされているからです。

自然災害の現場にボランティアとして足を運ぶ人が近年増えていますが、彼らが自分の時間を犠牲にしてまでわざわざ現地に向かうのも、単に「困っている人を救いたい」という気持ちだけではなく、利他行動によって得られる相手の笑顔や感謝の言葉が、自分自身の喜びや満足につながっているからだと思います。

相手の笑顔を見たり、「ありがとう」という感謝の言葉を聞いたりするだけで、人間は喜びや幸福を感じるものです。

地球には数多くの生き物が暮らしていますが、他者に何かしてあげることで喜びや幸せを感じられるのは人間だけです。チンパンジーやゴリラも利他的行動をとることがあるようですが、人間のように遠くにいる見ず知らずの相手に手を差し伸べたりはしません。そういう意味では、人間は動物のなかでも特に高い社会性を持った生き物と言ってもいいでしょう。

テイクよりもギブという心がけで常に生きていれば「くれない症候群」から脱却できるし、人生そのものが明るい方向へ進みます。

## 能力や才能を開花できる人、できない人

ほどほどの給料を貰って可もなく不可もない暮らしを送ることができれば、それで幸せ、と考える人も多いと思いますが、残念ながら何もせずしてそんな人生はありえないでしょう。現状維持も、努力なくしてありえないのが人生です。

年功序列の会社に就職し、頑張っても頑張らなくても給料が同じなら、努力をしないほうが得ではないか、そう言う人もいるでしょう。しかし、どんな環境に置かれたとしても努力なくしては何もありえないのが人生なのです。なぜなら大なり小なり努力をしなければ、人間は生き続けることができないからです。

毎日一生懸命努力を続けていると、ある日、今まで気づかなかった自分の能力や才能が開花する瞬間に遭遇することがあります。「あっ、仕事のコツがわかってきたかも」「今まで難しいと思っていた仕事が、急に苦労せずにこなせるようになったぞ」などと感じた経験は、みなさんにもきっとあるはずです。

こうした瞬間を、遺伝子のなかに眠っていた能力が開花したという意味で、「ＤＮＡのランプに灯りが点る瞬間」と私は呼んでいます。実際にこれを経験すると、仕事や人生に

対する取り組み方が変わってきます。

私の場合、最初にＤＮＡのランプの点灯を意識したのはアメリカに駐在していた三〇代半ばの頃でした。穀物相場で巨額の含み損を抱え、人生最大のピンチに追い込まれたのをなんとか挽回しようと死ぬ気で努力していたとき、いろいろなことを感じたのです。

このときをきっかけに、私は努力を続けることが一生懸命生きることである、また、それを見てくれている人間を超える何かが、「サムシング・グレイト」がある、と確信したのです。そして「どんな困難な問題も、諦めずに努力すれば必ず報われる」と、自信をもって言えるようになりました。


人間という生き物は、もともと持っている能力や適性にほとんど違いはないようです。ヒトゲノム（人間の遺伝子情報）は、約三〇億の塩基対から構成されていて、どんな人であってもＤＮＡ配列の九九・九％は同じであり、個体差は〇・一％にすぎないことが最近の研究でわかっています。つまり人間はみな、ほぼ同じ遺伝子情報を持って生まれてくるということです。

にもかかわらず、能力や才能を開花させることができる人と、できないまま終わってしまう人がいるのはどうしてでしょうか。

人間の能力開花には「努力の差」が大きく関係していると、私は考えています。大部分の人間が九九・九％同じ遺伝子を持っているから、勝負は「努力」ということになるのでしょうが、じつは極々《ごくごく》特別のプロの成功の裏にも、私たちが想像できないほど過酷で地道な努力が隠されているのです。

イチロー選手は少年野球の練習だけでは飽き足らず、小学校中学年から中学卒業までの七年間、毎日バッティングセンターに通って一日に一〇〇〜二五〇球もの打撃トレーニングを行ったそうです。囲碁で二度の七冠に輝いた井山裕太《いやまゆうた》さんの場合も、中学一年でプロとしてデビューするまでに、師匠と一〇〇〇局以上の対局を積んだと言われています。

そんな逸話を知って「うちの息子もイチローのようなプロ野球選手に育てたい」と考えて、子どもを毎日バッティングセンターに通わせる人もいるようですが、いくら同じトレーニングを同じ時間やっても、イチロー選手のようになれるとはかぎりません。

誰もがなりたいと願えば、イチロー選手や大谷翔平《おおたにしょうへい》選手のような一流スポーツ選手や、将棋界で史上初の永世七冠を達成した羽生善治《はぶよしはる》さん、囲碁の井山さんのようになれるわけではないのです。

それは彼らと私たちとの間に、〇・一％の個体差＝三〇〇万個のＤＮＡの差があるからかもしれません。イチロー選手が企業の社長になれず、私がイチロー選手になれないのと多分同じです。

とはいえ、努力を続けてさえいれば、ある程度のレベルまでは達することはできる。イチロー選手と同じとはいかなくても、限りなく近づいていくことはできます。これこそが努力の価値です。

## 八〇歳になってからでもランプは点る

また同じように日々努力していても、ランプが点る時期は人によってそれぞれ異なります。すべての人が同じ時間、同じだけ努力したからといって、同じ時期にＤＮＡのランプが点るとは限らないのです。

たとえば、本当ならば技術系の仕事に向いているのに、人と会話するのが好きだからと営業の仕事を選んだ人がいたとします。これは別に間違った選択ではありません。選択に正しいも間違いもないからです。しかし、「好き」と「向いている」ことはどうしても違うので、やはり天性の営業センスを持った人と比べると、その人のランプが点る時期は遅くなってしまうかもしれません。

私の場合は、三〇代で先ほど述べたように少し感じる所がありましたが、四〇代、五〇代でランプが点る人もいるし、定年間際になってやっと点り始める人もいます。また、なかには現役を引退し、六〇歳や七〇歳をすぎてからようやく点る人もいるはずです。「定年を迎えた後にDNAのランプが点っても、意味がないじゃないか」と思う人もいるかもしれませんが、人生の後半戦になってからランプが点ったとしても、私は十分に意味のあることだと思っています。

人生一〇〇年時代を迎えつつある今、定年を迎えたからといって関係なく、人生は死ぬまで続くからです。むしろ人生の広さ、深さが得られる時期だからこそ、さらに努力する意義や、そのための気持ちを持つことができるとさえ言えるのではないでしょうか。

ランプといっても、若い頃から続けてきた分野のランプだけにこだわる必要はありません。地域活動に参加して会報づくりを手伝ううちに、「自分には文才があるかもしれない」と気づいて、小説を書き始めるのもいいし、ボランティア活動を行うなかで「人に感謝されるって、こんなに嬉しいことだったのか」と、被災地に足を運ぶようになるのもいい。

このことについては大切なことなので、第四章で改めてお話ししたいと思いますが、六〇代になっても七〇代になっても、まだまだ人生は死ぬまで続くのです。「俺はこんなもんだろう」と諦めるのではなく、好奇心を失わずにとにかく努力する。そんな姿勢で毎日を生きていれば、何歳であろうと必ず新たなＤＮＡのランプが点るはずです。

残念ながらランプを点すための決まった方法や近道は存在しません。一〇〇人いれば一〇〇通りのランプの点り方があるので、努力を続けていくことがすべてです。

なかなかＤＮＡのランプが点らないからと努力をやめてしまう人がいますが、努力をやめてしまえばこれまでやってきたことがすべて無駄になってしまいます。一日でも努力を怠《おこた》れば、仕事の場合と同様、何倍ものスピードでダメになります。

そのため、ランプが点らないからといって努力を怠らず、毎日、一〇分でも二〇分でもいいから愚直に継続していくことが何より大切です。努力を続けていけばランプが必ず点るということは、私がニューヨーク時代に読んだ『LIFE AFTER LIFE』という、多くの生き返った方々の話からも推測できます。

もちろんこれは心の問題なので、科学的根拠はないものでしょう。ですが、充実した幸せな人生を送るのに、常に全力で目の前のことに取り組み、努力し続けることが大事であることは間違いありません。

## 「負けてたまるか」が人間を成長させる

自分を磨き、自分を強くしようとして懸命に努力していても、すべてが順風満帆にいくとはかぎりません。むしろ想定していないトラブルに次から次に見舞われ、弱気になってしまうことのほうが多いかもしれない。

そんなとき、多くの人は「なんで俺だけ、こんなに辛い思いをしなけりゃいかんのだ」と神を恨《うら》んだり、「いつまでこの逆境が続くのだろう」と深いため息をついたりします。

嘆《なげ》きたくなるのは人間である以上、すべての人にあることです。人生に苦労やトラブルはつきもの。お花畑のような人生や仕事は、どこにも存在しないのです。

逆境とは「自分の力では思うようにならない状況、不運な境遇」を意味しますが、そんな状況は、長い人生のなかではいくらでもあります。今の自分の状況を特別だと思うから、よけいに辛くなる。むしろ人生も仕事もすべて順調にいったり、反対に逆境ばかり続いたりすることのほうが珍しいのです。悩むようなことではありません。

逆境を嘆いている人の多くは「自分だけがこんな辛い思いをしている」と悲観的に考えがちですが、それはただの思い込みです。日々、なんらかの嫌な雨が降ったり、北風が吹いたりしているのは、あなただけではありません。

はたからは順風満帆の人生を歩んでいるように見える人であっても、仕事の問題、家庭のトラブル、健康の問題など、みんな何らかの苦しみと闘いながら生きているのです。

私は、中学生時代から「負けてたまるか」という言葉が大好きでした。「てめえらに負けてたまるか」ではなく、「自分の心に負けてたまるか」という意味です。

私のアメリカ人の友人にこういう人がいます。彼は立派な化学者ですが、たまに私を車に乗せると、道中でしょっちゅう「クソ」「バカタレ」といった言葉を吐いています。信号が青なのに、前の運転手がのろまなので早く進めず、遅れてしまうという意味で、英語で言えば「son of a bitch」「shit」といった言葉を使うのです。

人間というのは度し難いもので、理性ではコントロールできない、動物のような妬《ねた》み、やっかみ、僻《ひが》みという感情が爆発するときがあります。こうした「動物の血」を消すことはできません。しかし、彼の場合も、もちろん相手のせいにしてどうこうしたいわけではなく、私の「負けてたまるか」と同じなのです。相手に聞こえているわけではないのですから。こうやって自分を奮い立たせるやり方もあります。

だから、みなさんも、逆境とか病気とか、仕事のトラブルとか、いろいろな不幸に対して、どこかで一人で歩いているときなどに「バカ野郎」「クソ」と言ってもいいのです。人の目など気にする必要はありません。

髪の毛がクシャクシャであろうと、鼻水が垂れていようと、多少破れたものを着ていようと、悪態を吐《つ》こうと、自分が気にしているほど、人はあなたのことを見ていないし、気にもしていない。世の中というのはそういうものです。

それでも、私が「仕事や生きることがつらい。どうしたらいいでしょう?」と部下や後輩から相談を受けたときは、「つらいと感じるのは一生懸命生きている証拠だよ。生きていることは問題だらけ。問題が多いほど人間は一生懸命生きているということ。問題がないのは死ぬときだけだ」と答えるようにしています。

もしも、お花畑のような環境のなかで、何もせずにのんびり寝そべっているだけなら、人は苦労など感じません。何かを成し遂げたいという目的を持ち、一生懸命、死にものぐるいで生きているからこそ、次々にトラブルや問題に直面するのです。

つまり、逆境にあることは嘆くようなことではなく、「人生にとって歓迎したくはなくても、自分を成長させる好機」と捉えるべきです。困難な問題やトラブルがあるからこそ、人はそれを乗り越えて一歩でも前に進もうと、知恵をしぼったり工夫したりするようになります。

それこそが人間としての成長であり、自分を磨くことになるのです。

## 「お互いにさらけだせば理解し合える」は幻想

私たちが日頃、逆境や困難と感じているものは、大半が元気そうに見える他人と比べてのことです。「無人島や人里離れた山奥で誰とも会わずに一人ぼっちで暮らせば悩むことなどないじゃないか」と極論を語る人もいますが、それでは単なる「逃げ」で、何の解決にもなりません。

だとすれば、どんなスタンスで他者と付き合っていくべきか。答えは簡単です。他者に対して「過剰な期待」をなるべく抱かないようにすればいい。「あの人は私のことを一〇〇%理解してくれているはず」と相手に勝手な期待を抱くから、傷ついたり失望したりするのです。

期待が大きければ大きいほど、思い通りの反応が返ってこなかったときの落胆や不満は大きくなります。ときには不満が怒りとなって噴出し、それまでの良好な関係を壊してしまうこともあります。

人に頼りすぎる、というのは依存心です。私も昔は、やってくれて当たり前と思っていたことをワイフがやらないと、「俺は忙しくてしょうがないのに！」という気持ちになっていました。しかし、私もこの年になって、「だいたいそういうふうに最初から人を頼る自分がいけない」と思うようになりました。

そもそも「自分の考えや思いをお互いにさらけだせば、理解し合える。話せばわかる」と私たちは考えがちですが、それは都合のいい幻想です。

「家族なら何でもわかってくれて当然だ」「上司が部下のケアをするのは当然だ」「医者なら患者を治して当然だ、お金も払っているし」と考えるのではなく、気心の知れた古くからの友人であっても、仲のよい夫婦であっても、はたまた血がつながった家族であっても、理解し合えない部分があって当然と考えるべきです。

## 人は自分のことすら理解できていない

自分のことを思い返してみても、そのことはわかるでしょう。「私のことは自分自身が一番理解している」とほとんどの人は思っているようですが、じつは本人さえも自分のことを完全には理解できていません。

たとえば、ある出来事を体験したときに「自分のなかにはこんなイヤな部分、醜《みにく》い感情があったんだ……」と、今まで知らなかった自分を発見して驚かされることがあります。人は常に変化し続けているため、今日の自分が昨日の自分と同じとは限りません。自己の性格すら完全には把握できていないのだから、ましてや他人のことなどわかるはずがない。

「人間はみんな不可解なものを心に抱えている生き物で、どんなに親しくなったとしても完全にはわかり合えない」――先ほど人間は高い社会性を持っていると述べましたが、自己中心的な高等動物でもあるのです。

話は少々脱線しますが、同じことは国と国との関係についても言えます。私たちは他国の人たちの行動や発言に対して、憤《いきどお》りや怒りを感じることがあります。たとえば、最近では従軍慰安婦問題や徴用工問題で揉めている韓国との関係がそうです。

「なんで、韓国人たちは日本人を嫌うのだろう？　もっと友好的に接してくれてもいいじゃないか」と多くの人は思っているはずです。

なかには理解してもらえない不満が憎しみへと向かい、ヘイトスピーチを行ったりする人もいるようですが、こうした問題も「もっと日本のことを理解してくれていいはずだ」と相手に期待しすぎることで起こります。

国によって、それぞれ文化も違えば、歴史も言語も違うし、受けてきた教育も違う。だから完全にわかり合えることなどありえません。「お互いに他国のことは理解できなくて当たり前」ぐらいに思い、過去の日韓の歴史を振り返って付き合ったほうが、冷静な判断ができるでしょうし、過剰な衝突も起こらないはずです。

## 逆境のなかには「学びや気づき」が潜んでいる

必死で頑張ったとしても、うまく乗り越えられないことは残念ながら誰にもありますが、失敗や挫折も決して無駄にはなりません。逆境のなかには必ず人間としての成長につながる「学びや気づき」が潜んでいるからです。

先ほど述べたように、私も三〇代半ばの頃、絶体絶命のピンチに追い込まれ、人生最大の逆境を感じたことがあります。当時の私はニューヨークに駐在して大豆の取引を担当していたのですが、穀物相場を見誤って、恐ろしいほどの大損失を出してしまったのです。

穀物の価格には天候が大きく影響します。悪天候が続いて穀物が不作になれば価格は上昇し、逆に豊作になれば下落します。その年、アメリカでは深刻な干ばつが続いていて、ニューヨーク・タイムズには、干上がった大豆産地の写真が一面にでかでかと掲載されていました。

それを見た私は、「大豆の価格は高騰《こうとう》するに違いない。今が儲《もう》けのチャンスだ!」と、大量に大豆を買い込んだところまではよかったのですが、予報に反し一度の恵雨、その年の大豆は豊作という農務省予想が出てしまったのです。

当然、相場は一気に下落し、五〇〇万ドル近い含み損を抱えることになってしまいました。当時は一ドル=三〇八円の時代だったので、日本円でなんと約一五億円もの損失です。これは当時の会社の税引き後の利益に匹敵するほどの額でした。あのときは「もう俺の人生は終わったな」と思いました。

すべては私の勉強不足、経験不足が原因でした。アメリカ穀倉地帯の大農業のことをあまり知らなかった私は、一度の雨で状況がこんなに変わるとは思ってもいなかった。経験も知識もろくにないくせに、とにかく儲けたい一心で欲をかきすぎたわけです。

その後は、人の非情さを嫌というほど味わうことになりました。人間社会はそんなものです。社内も大同小異。当然クビも覚悟しましたし、辞表を出すことも本気で考えました。

## 努力がなければ、報われることは絶対ない

そんな私を救ってくれたのは、一人の上司の言葉でした。東京の食料部門の筒井雄一郎（一九二九―一九八七）さんという大先輩が、「大損もすべて会社に報告しろ。お前がクビになるなら、その前に俺がクビになる」とまで言ってくれたのです。

その言葉を聞いて、「今辞めるわけにはいかない。この人に報いるためにも全力を尽くして死ぬ気で頑張ってみよう」と気持ちを切り替えました。まだ含み損の段階でしたから、可能性は低いとは言え、その後の取引で利益を出せば挽回できるチャンスはありました。

失敗から学んだ私は、それからはとにかく死ぬ気で情報を集めました。民間の地域天気予報会社と新たに契約を結び、アメリカの気象庁の情報と照らし合わせて分析したり、自ら大豆の生産現場に足を運んだり――やれることはすべてやった。

そうこうするうちに、「秋口に寒波がやってきて霜が降りるかもしれない」という情報が入ってきたのです。これに勝負をかけたところ予想が的中。前回の失敗から半年もたたないうちに含み損を解消し、逆に利益を出すことができました。

このときに感じた達成感や喜びは、今までの人生で味わったことのないものでした。そして、この経験は私にとっての大きな転機にもなりました。

「諦めずに努力を続けていれば、絶対に努力は報われる」と思えるようになったのです。そこには、人間の力を超えた大きな存在「サムシング・グレイト」の力もあったかもしれません。いくら努力したところで、それが必ずしも報われるとは限りません。しかし、精一杯努力することがなかったら、おそらく「サムシング・グレイト」を感じることはなかったでしょう。

以後、私は「どこかで誰かが私を見てくれている」という意識を持ち、これまで以上に全力で仕事に取り組むようになったのです。

## 人が仕事で磨かれる本当の理由とは

私は講演や本のなかで「仕事＝人生」「人は仕事で磨かれる」と繰り返してきましたが、そんなふうに考えるようになったのも、このときの出来事がきっかけだった気がします。「失敗―逆境―リベンジ」という、まるでドラマのような出来事を体験するなかで、「仕事のなかには喜び、怒り、悲しみ、感激、感動……人間の感情がすべて詰まっている。これこそが人生だ。仕事こそが人間を成長させ、幸せへと導いてくれるはずだ」と感じるようになった。

「仕事＝人生」などと言うと、「家庭や私生活のなかにも人生の幸せや喜びはあるはずだ」と異議を唱える方もいらっしゃるでしょうが、そう考える人がいても構いませんし、否定するつもりもありません。

しかし私には、本当の意味で人間を磨き、幸せへと導いてくれるのは、我々の生活の大半を占める「仕事」しかないように思えるのです。なぜなら職場と、家庭や私生活とでは、時間・場所・人すべてが比較できないほど違うからです。

家庭や私生活では基本的には自分が愛する人、気の合う人との交流が中心になります。

一方、職場には気にくわない人や、自分とは相容れない考え方をする人も大勢います。多種多様な人たちのなかに身をおくからこそ（多様性？）、人として磨かれ、人間への理解が深まっていく。さらにグループで協力しあいながら、ひとつの目標に向かって懸命に努力し、目標を成し遂げたときに感じる喜びも、家庭や私生活では味わえないものです。

人間という字が「人」の「間」と書くのを見てもわかる通り、私たちは他者との関わり合いのなかで生きていくことを生まれながらに宿命づけられています。

人と交わったり、他者を意識したりすることで「私」という自意識が生まれ、人間になります。「他者が存在しているからこそ自分が存在する。他者との関係こそが人間を人間たらしめている」ということです。

よく哲学的な命題として、こんな質問が投げかけられることがあります。

「誰もいない森のなかで木が倒れたとしたら、音は聞こえるのか？」

正解は「ノー」です。なぜなら木がドーンという大きな音をたてて倒れたとしても、それを認知する者がいなければ音を発したことにはならないからです。

音というものは、空気を震わせて音波となり、それが鼓膜に伝わって初めて「音」として認識されます。だから受信する鼓膜（人や動物）の存在がなければ、音は存在しないのと同じです。テレビやラジオの電波もそう。電波を受け止める受信機が地球上のどこにも存在しなかったら、電波は飛んでいることにはならないのです。

人間についても、あなたのことを認識してくれる他者、共鳴してくれる他者がどこかにいるからこそ、あなたが存在していると言えます。確かに他者の存在は、悩みやトラブルの原因になることもあるでしょう。

しかし、他者とぶつかったり議論したりするなかでしか人間は成長できないし、そこには人間関係によって生じる苦悩よりも、遥かに大きな喜びや感動が潜んでいます。

人生を有意義で幸福なものにしようと思ったら、やはり他者との関係のなかで自分を磨くことを忘れてはならないのです。

そこで以下の章では、私がもっとも馴染みがある会社を中心に、さまざまな環境を経験したり、自分とは違う個性を持った人たちと接したりするなかで、人間として磨かれ成長していく有様を見てみたいと思います。

# 第二章　人はこうして生き延びる

## 人間は三つのステップで成長していく

作家の城山三郎（一九二七—二〇〇七）さんが書いた小説に『毎日が日曜日』という商社マンをモデルにした作品があります。そのなかの主人公が社訓を語る場面で、こんな言葉が登場します。

「ワタシハ、アリニナレル。ワタシハ、トンボニナレル。シカモ、ワタシハ、人間デアル」

城山さんと以前対談させていただいたときに、初めて知ったことなのですが、この言葉はかなり昔に、伊藤忠の入社試験の際に役員から学生に出された「あなたはアリになれるか？　トンボになれるか？　人間になれるか？」という質問がもとになっているそうです。

古巣の大先輩の受け売りになって恐縮ですが、この言葉こそが、仕事における人間の成長プロセスを表しているように私には思えます。

まず、入社してから三〇代半ばまでの一〇年間ほどは、アリのように泥にまみれるほど黙々と働きながら知識や仕事の基本を身につける「アリの時代」です。最初は言われたことをこなすだけで精一杯かもしれませんが、がむしゃらに働くうちに、少しずつ仕事のやり方や、その意味がわかってきます。

次に訪れる三〇代後半から四〇代半ばまでの約一〇年間は「トンボの時代」です。地面や地中を這《は》うアリは目の前にあるものしか見ていませんが、トンボは空から複眼的な視点でモノを見ています。

仕事のなかで、そうした多角的なモノの見方、思考を学ぶのがこの時期です。目の前の仕事に対して、バランスよく物事を考える力、あらゆる角度から可能性にチャレンジする姿勢を身につけることもトンボの時代には大切になってきます。

さらに努力を続けていくと、やがては自らの仕事のことだけでなく、部下たちや部署全体のことを見られるようになっていきます。ここからが会社のリーダーとして活躍することになる四〇代後半から五〇代にかけての「人間の時代」です。

この段階に入ったら仕事で実績や成果を挙げるだけでなく、部下に対しての優しさや思いやりの気持ち、グループをひとつにまとめあげて、同じ目標に向かわせるための統率力なども必要になります。

そのためには、仕事についての経験や知識だけではなく、「人間とは何か」といった人間の本性についても深く知っておかねばなりません。

こうした三つのステップを踏みながら、私たちは社会人として徐々に成長していくのです。覚えておいていただきたいのは、すべての人が同じペースでこのステップを上がっていくとは限らないということです。

第一章で述べたＤＮＡのランプの話と同じで、成長のスピードは時々の環境のなかでのその人の心の持ち方や努力次第です。定年退職するまでアリやトンボのままでいる人もいれば、なかには三〇代で人間へと成長する人もいます。

## 意地悪で難しい仕事を頼む上司はいない

アリ、トンボ、人間という三段階の成長ステップのなかでも、一番重要なのはアリの時代です。なぜなら社会人としてのすべての基礎、土台はアリの時代につくられるからです。この時期にどれだけ本気で仕事に取り組んだかが、その先の人生を決定すると言っても過言ではありません。

しかし残念なことに、まだアリの時代の入り口に立ったばかりなのに、会社を辞めてしまう人が存外に多くいます。厚生労働省のデータによれば、大卒者の入社三年以内の離職率は約三割。将来への期待に胸躍らせて入社した新入社員のうち、三人に一人が三年以内に離職していることになります。

労働環境が劣悪なブラック企業に就職してしまったならば、早めに見切りをつけたくなる気持ちもわからなくはありません。しかし、せっかく厳しい就職戦線を勝ち抜いて優良企業に入社したのに、「雑用ばかりやらされて退屈でつまらない」「上司とそりがあわない」などといった理由で会社を辞めてしまう人がいます。これは本人にとってもったいないことだし、企業にとっても大きな痛手です。

現役時代、私は「給料が安い」とボヤいている新人たちに向かって、「君らが給料をもらうなんて話が逆だぞ。会社が授業料として君らから金をもらいたいくらいだ」などとよく冗談半分で言っていましたが、これは企業側の本音です。

入社して一〜二年目の新人の仕事は雑務が中心となるため、会社にはほとんど利益をもたらしません。毎月給料を払うのは、新人が一人前に育ってくれることを見越した先行投資なのです。

早々に会社を辞められてしまうと、投資は完全に無駄になってしまいます。新入社員の側もすぐに会社を辞めてしまうと、キャリアを積むどころか、何も学ぶことができず、たんなる時間の無駄、人生の遠回りになってしまいます。

早期離職した人のなかには「上司に恵まれなかった」「意地悪な上司で、いつも私に面倒な仕事や難しい仕事ばかり押しつけてくるのが我慢できなかった」などと、離職理由を人のせいにする人がいますが、なんと身勝手な言い訳でしょうか。

考えてみてください。部下に意地悪や嫌がらせで難しい仕事を頼む上司など、本来いるはずがないのです。もし無責任な部下に重要な仕事を頼んで、途中で投げ出されたりすると、結果的には自分(上司)の責任になります。

「こいつならきっとやり遂げてくれる。たとえ失敗しても成長が望める」と思うからこそ、上司は仕事を頼んでいるのです。

## 期待を察することができなければ社会人失格

もし今の私が上司から難しい仕事や重要な仕事を命ぜられたら、「ありがとうございます！」と小躍りしながら喜んで引き受けます。誰にでもできそうな簡単な仕事ばかり頼んできたら「俺のことを馬鹿にしているのではないか」と失望してしまいます。

上司が難しい仕事や重要な仕事を頼むということは、自分に期待をかけてくれていることを意味するのだから、恨むなんてとんでもない。逆に「よくぞ俺に頼んでくれた」と本来は感謝すべきだと思うのです。

そして、引き受けた仕事は意地を張ってでもやり遂げる。きちんとやり遂げれば、上司はさらに信用して、次はもっと難しい仕事を頼むはずです。それをやり遂げると、さらに信用し、それまでよりもっと難しい仕事を頼むでしょう。ハードルがどんどん上がっていくのは辛いかもしれませんが、仕事とはその繰り返しです。そうやって人間は磨かれ成長していきます。

与えられた仕事が自分にはとてもできそうもないと思ったら、「私には無理です。勘弁してください」と断っても、私が上司だったら怒りません。でも一度断られたら二度と難しい仕事、重要な仕事を頼もうとは思わないでしょう。期待して頼んでいるのに逃げ出されたら、「もうこいつには頼まないでおこう」と思うのが普通です。自分から仕事を断ったり、下積み時代に辛抱できずにあっさり会社を辞めたりすると、せっかくの成長の機会を無駄にしてしまうということです。

「君に期待しているから、この仕事にチャレンジして欲しい――とちゃんと言葉で言ってくれれば、モチベーションがあがるのに、それを言ってくれないのが悪い！」などと「くれない症候群」的な言い訳をする人もいますが、普通そんなことはいちいち口に出して言いません。

言葉には出さなくとも、普段から頑張っている姿を見て、「こいつならやれる」と期待を抱いたからこそ声を掛けているのですから。それくらい察することができなければ、社会人としては失格です。

## お花畑に満足せず、北風に向かって進め

自分が難しい仕事を必死で頑張っているのに、隣の同僚がのんきに簡単な仕事ばかりやっているのを見ると、いくら「自分は期待されている」と頭では理解できても、納得がいかない気持ちになるのはわからなくはありません。

しかし、上司は全力で難しい仕事に取り組んでいる部下の姿を必ず見ているものです。与えられた仕事に全力を尽くす。人が見ていないところでも手を抜かずに一生懸命やる。そんな心構えで仕事に取り組んでいると、やがては社内だけではなく、外部の取引先からも「あの人に頼めば安心だ。あの人なら必ずやってくれる」という評判が立ち始めます。そして、仕事も人もどんどん集まるようになってきます。

「信用・信頼」は仕事をする上での最大の財産、強みです。ラクな道を選んでも信用は得られませんし、人としての成長も望めません。充実した人生を送りたい、自分を磨きたいと思ったら、あえてお花畑を避けて、北風に向かって進む勇気を持たなければいけないのです。

しかし、自分では「北風に向かって歩きたい。人間としてもっと成長したい」と思っているのに、たまたま会社の都合でお花畑のような部署に配属される場合もあります。そんなときも諦める必要はありません。お花畑をさらに綺麗にする工夫をすればいいのです。周りは現状に満足しきって何もしない連中ばかりだったとしても、やることはいくらでもあるはずです。

組織のなかでは転勤や部署異動など、個人の力ではどうにもならないことがあります。第一章で、私も入社時に望んでいなかった油脂部門に配属されたという話をしましたが、今振り返ってみると、私の人生にとって大きなプラスになったと思います。

花形部署ばかりを渡り歩いてきた人は、注目されない人、日の当たらない場所にいる人の心の痛みや悔しさがいつまで経ってもわかりません。そうした感情を経験できたことで一回り人間として大きくなれたと考えれば、望まない部署への配属や異動も、長い人生のなかでは必要な経験だったと言っていいはずです。

そうやってがむしゃらに働いていると、やがてはそれを見ていた誰かが「あいつはお花畑に置いておくにはもったいないやつだ。もっと重要な仕事をやらせてみよう」ときっと言い始めます。つまり、置かれた環境に流されることなく、仕事への情熱、やる気を絶やさないことが肝心なのです。

情熱は、仕事をする上で一番大切なものです。最近は「社会人にはコミュニケーション能力が必須」と言われるようになり、コミュ力やプレゼン力を高める授業に力を注いでいる大学も増えているようですが、いくら高度なコミュニケーション能力を身につけても、仕事に対する情熱がなければ、ただの宝の持ち腐れです。

もし話すことがあまり得意でないのなら、高倉健《たかくらけん》さんのように「自分は不器用な男です。うまく話せなくて申し訳ありません。でも仕事に賭ける情熱だけは誰にも負けません」と正直に言えばいいのです。私だったら、口ばっかり達者な人よりも、そういう正直な人のほうを信頼したくなります。

「自分はコミュ力やプレゼン力が弱い、どうすれば会話が上手くなるのだろう」などと悩むのは時間の無駄。そんな暇があったらもっと全力で仕事に情熱を注ぐべきです。

## 部下のプライベートを知ることも重要

アリ、トンボの時代を経て、人間の時代を迎えたからといって、終わりではありません。まだまだ学ぶこと、努力すべきことがたくさんあります。

特にリーダーの立場になった人は、部下の先頭に立たなければいけませんから、人間としての度量の大きさや、人に対する優しさや気遣いといった「心」の部分も磨いていく必要があります。

私はリーダーの立場になった人には、まず部下の「生活履歴」を頭に入れることを考えてほしいと言ってきました。ここで言う生活履歴とは、どんな大学のどんな学部を出たかといった学歴のことではありません。これまでどんな仕事をしてきたのか、どんな姿勢で仕事に取り組んできたのかということから、家族、生活状態まで、仕事に関連するすべての情報のことを指します。

このとき、人から「優柔不断で決断力に乏しい」といった部下に関するマイナスの情報を聞くことがあったとしても、それはあくまで参考程度に捉え、自分の目でそれぞれの部下の働きぶりを頭に入れておくことが大切です。

そして、たとえ欠点の多い部下だと思っても、「こいつは使えないな」とすぐに見捨ててはいけません。なぜなら欠点は、考え方次第で逆にプラスにすることも可能だからです。よく言うように、優柔不断な性格の人は、慎重で思慮深く、飽きっぽい性格の人は、好奇心旺盛で興味の幅が広いことと表裏一体です。つまり、悪い面だけではなく、いい面を軸に仕事のなかでうまく融合させられるよう、考えていくことが求められるのです。

仕事とプライベートは別という考え方もありますが、私は部下たちのプライベートをある程度知っておくことも必要だと思っています。

いろいろなタイプの部下があなたの周りにはいるはずです。「早く仕事を覚えて一人前になりたいから残業や休日出勤もいとわない」という部下もいれば、「妻が子どもを産んだばかりなので、家事を手伝うために、できればしばらくは残業は避けたい」という部下もいるでしょう。

彼らが置かれている状況を把握し、部下の立場に立って仕事のペースや内容を考えることも大事なことです。

最近は、ちょっと強い言葉で部下を叱咤《しった》しただけで、パワハラで訴えられたりし、部下への接し方が難しい時代になってきていますが、それはいろいろのことが積み重なった上での反応と思わなくてはいけません。

ましてや「納期に絶対に間に合わせろ、早くやれ！」とハッパをかけるだけが上司の仕事ではありません。部下はロボットではなく生身の人間です。それぞれの性格や状況を把握し、それ相応の対応を心がけるべきです。

## なぜ飲み会に部下がこないのか

九年間のニューヨーク勤務を経て、東京に戻って課長になったとき、当然ながら私は自分の部署にどんな社員がいるか、わかりませんでした。

そこで人事部からまず社員の履歴を受け取り、それをもとに部下との個別面接も楽しく行いました。円滑に仕事を進めるためには、時間がかかってもいいから部下のことをできるだけ知っておく必要があったのです。

私の場合は、海外勤務が長く浦島太郎状態だったため、個別面接というスタイルをとりましたが、普通はそこまでやる必要はないかもしれません。日頃から部下を誘って飲みに行き、「最近、調子はどう?」「田舎のおかあさんは元気?」と、日常会話を交わしていれば、彼らの状況はある程度把握できるはずです。その意味では、古くさい考え方だと笑われるかもしれませんが、「飲ミニケーション」は有効な手段とも言えます。

私自身、課長になってからは部下を誘ってよく飲みにいきました。仕事で悩んでいそうな部下に対しては「なんだか最近つらそうだけど大丈夫か? 心配事があるなら話してみろ」と声をかけて相談にのったり、仕事中に激しく叱った部下には「今回は失敗したけど気にするな。次は期待しているぞ」と励ましたり……。今思うと、部下との飲み会はフォローや気配りの場でもあったような気がします。

上司たるものどんな話をすればいいか、などと難しく考える必要はありません。自分がこれまでの人生や仕事のなかで体験してきたことを聞かせてあげればいいのです。若い人よりいろいろな経験を積んでいるわけですから、どんな話であっても部下たちにとっては大切な学びになるはずです。

ただし自分の武勇伝ばかり話す上司はいただけません。「あのプロジェクトは俺が苦労して成功させた」「俺の若い頃は、お前たちよりもっと働いたぞ」などと得意げに語る人がいますが、他人の成功体験を聞かされても、ただの自慢話と思うだけです。

それよりは仕事の失敗談を話したほうが、よっぽど興味を持って聞いてくれるはずです。「恥ずかしい話だが、仕事で俺はこんな大失敗をやらかしたことがある。同じ轍《てつ》を踏まないように、君たちも気をつけろよ」と具体的なエピソードを交えながら語れば、失敗のリスクを未然に防ぐことにもなるし、彼らも「この先輩にもそんな時代があったんだ。今の俺たちと何も変わらないじゃないか」と親近感を抱くようになります。

それからもうひとつ、ほとんどの人は五〇歳を過ぎるくらいの年齢になると、世の中のことをすべてわかったような気になりがちです。確かに若い人と比べたら長く生きてきたぶん、知識の量は多いはずです。しかし、若い人が知っていて、あなたが知らないこともじつは多いのです。

たとえば今日本で何が流行《はや》っているのか、ネット上でどんなことが話題になっているのか、といったことについては、若い部下たちのほうがよっぽど詳しいはずです。「そんな話は自分の仕事とは関係がないから知る必要がない」と思うかもしれませんが、そうした話題のなかに、新たなビジネスのヒントが見つかることも珍しくはありません。

「なんでも教えてやるぞ。俺から学べ」と上からモノを言うから煙たがられるのであって、若者からも学ぼうという謙虚な姿勢を持つことも大切なのです。

## 人間として接するということ

いずれにしても、部下を早く一人前に育てようと思うのなら、心がけるべきは、部下の生活を知り、ひとりの人間として接することです。

「おはようございます」「お疲れ様でした」という部下の挨拶に、ふんぞり返っていて何も返さない上司や、部下が失敗しても一切叱らないどころか、だんまりを決め込む上司がいますが、そんなのは論外です。

挨拶をちゃんと返すのは当然として、ミスをしたときにきちんと叱ることも必要です。叱られて喜ぶ人はいませんが、無視されるよりはよっぽどマシです。部下は「上司が自分のことを気にかけてくれている」と感じることで、上司への信頼を抱くようになるし、それがやる気にもつながっていきます。

次に心がけたいことは、部下にある程度の仕事のスキルがついたら、思い切って仕事を完全に任せてみることです。

いつ任せればいいかは迷うところですが、私の場合は、キャリアを三年ほど積んだ部下と一緒に一定期間仕事をしてみて、「こいつは信頼できるな」と感じた場合は、未熟な部分があっても仕事を任せるようにしていました。「すべて君に任せたから結果だけ報告してくれ。責任は俺がとるから安心しろ」と言って仕事を渡すのです。

このことで思い出すのは、経験のない初心者を猛練習で鍛える手法で、万年弱小チームと言われていた京都大学アメリカンフットボール部を四回も日本一（ライスボウル）の座に導いた水野彌一《みずのやいち》（一九四〇―）さんです。「なぜ京都大学のアメフト部があれほど強くなったか」について、彌一さんがある講演会で語ったことがあります。

普通の大学では、新入生はローラー引きや草むしりといった裏方仕事から部活動をスタートさせます。しかし、彼は新入生に誰もが嫌がることをさせず、一番上の四年生にやらせました。つまり、苦しいことは四年生がやって、新入生はとにかく猛練習して経験を積む。そうすることで、アメフトが楽しいとまず思わせる。それが重要だというわけです。

同じことが仕事に関しても言えます。本当ならば進行状況を細かくチェックしたほうが失敗を未然に防げて安心ですし、万が一のときもあとで苦労しないですむかもしれません。しかし、真剣に仕事に向かう姿勢や、その醍醐味を知ってもらうには、仕事の楽しさを感じてもらうことが第一です。


未熟な部分が残っているうちに仕事を任せるのには、ほかの理由もあります。一人前になったと自覚した途端、人はどうしても奢《おご》りがでてしまいます。でも未熟さが残っている場合は、本人もそれを自覚し、不安に思っているから、絶対にミスを出さないようにするでしょう。つまり、必死に努力することになるのです。

そして、もし失敗をしてしまったとしても、叱るときはTPOをわきまえなければいけません。部下がミスを犯したとき、みんながいる前で「馬鹿野郎！　何やってんだ」と声を荒げて叱る上司がいますが、これをやられた部下はたまったものではない。その部下が新人ならまだしも、その下に後輩がついていた場合は、叱られたほうはプライドを激しく傷つけられます。

それから部下が一生懸命仕事をやって、それなりの成果を上げているのに褒めようとしない上司がいますが、これもよくありません。きちんと成果を出したときは、「がんばったな」と褒めてあげるべきです。

ただし、褒めて伸ばそうなどと考えて、褒めてばかりいるのも考えものです。いつも褒められてばかりいると、褒められることが目的となってしまいます。たまに褒めるからこそ意味があるのです。

## 手本となる人間像とは――米倉・筒井・室伏

誰でも人間は良否があるものです。私が直《じか》に接した三人の大先輩は忘れられない名経営者と言っていい方々でした。①伊藤忠が初めて総合商社でナンバーワンになったのは売上高であり、これを実現させたのは第四代社長の米倉功(一九二二―二〇一五)さんでした。「現状維持、これすなわち脱落なり」の名言を吐き、初の民間ロケット打ち上げに参加。次々と新しい分野に進出する先頭に立ちました。経営者というのは、こういう人物を言うのかと感じ入るとともに、新しい経営者の姿を見る思いがしたことを覚えています。

そして、②先述（三八ページ）のニューヨーク時代に巨額の含み損を出したときに「お前がクビになるなら、俺が先だ」とまで言ってくれた上司の筒井雄一郎さん。彼らはまさに今述べてきたことを体現してくれた人たちでした。

筒井さんは言葉と行動が一致した正義の人で「上司にも部下にも取引先にも妻にも、絶対に嘘はつかない」がモットーでした。それでいてクソ真面目な堅物ではなく、明るくてフランクなところもあって、いろいろな相談にものってくれた。人間的魅力に溢れた人でした。彼の存在がなかったら今の私はなかったはずです。本当に感謝しています。
③もう一人、のちに伊藤忠の第五代社長となった室伏稔（一九三一―二〇一六）さんも、私にとって忘れられない上司です。室伏さんからは仕事や経営のノウハウだけでなく、精神や心、感動といった形にならないものをたくさん学ばせてもらいました。
もともと伊藤忠は財閥系商社とは違い、挑戦を恐れない気質を持った社員が多かったことから野武士集団などと言われていたのですが、室伏さんはまさにその象徴とも言うべき人でした。「Nothing is Impossible」（不可能なことなどない、なせばなる）をモットーに、前例

や常識にとらわれずに動いてもいいことを、行動を通して教えてくれたように思います。

酒の飲み方もとにかく型破りで、終電が迫っていることを知った私が「泊まったら金がかかるからそろそろ失礼します」と帰ろうとすると、「バカヤロー、金がなんだ！　帰れるもんなら帰ってみろ」と、きまって大騒ぎするのです。

私はそれを振り切って帰るのですが、翌朝出社すると、「あれ？　お前は、昨日いつの間にいなくなったんだ？」と平気な顔をしている。まさに豪放磊落《ごうほうらいらく》を絵に描いたような人でした。

三人に共通するものはなんだったのだろうと今改めて考えてみると、やはりそれは「心の温かさ」だったように思います。いくら頭が切れたり、仕事ができたりしても、心が温かくなければ、部下は「この人についていきたい」とは絶対に思いません。人間的な部分に魅力を感じてこそ、「この人は信頼できる。ついていこう」と思えるようになるのではないでしょうか。

残念ながら三人とも、すでに亡くなってしまいましたが、彼らの心は、上司の手本として次の世代へと引き継がれ、さらにその先の世代へと引き継がれていくはずです。

# 第三章

# 働き方改革、かくあるべし

## 日本企業に何が起きているのか

いま見てきたように、「仕事＝人生」と捉えるならば、会社はまさに人生のメインステージです。

そこでは、さまざまな人が一丸となって問題やトラブルに立ち向かい、互いに共感したり助け合ったり、ときにはいがみ合ったりしながら、壁を乗り越えていくドラマが、日々繰り広げられています。

喜怒哀楽を含むすべての人間の感情が、仕事のなかには詰まっているという意味では、こんなに面白いドラマが体験できる場所はほかにはありません。

私が伊藤忠を引退してはや一〇年以上経ちますが、今も現役時代のことを思い返すたびに「俺は会社と職場の仲間たちに恵まれていたなぁ……」と、感謝したい気持ちになります。

会社員生活には、当然辛いことと苦しいことも多かったのですが、それ以上に大きな喜びや感動・感激がありました。そして、それを私に与えてくれたのは、会社と職場の仲間たちでした。

しかし、そうした思い出とともに外から今の日本企業を見ていると、私の若かった頃から少しずつ様子が変化してきているように感じられます。端的に言うと、余裕がなくなってきたように見えるのです。

それは昔のほうが、仕事が今よりも楽《らく》だったということではありません。仕事自体は変わらず忙しかったし、むしろ、みんな今以上にモーレツに働いていました。私自身、月の残業が一〇〇時間を超えることもしょっちゅうでした。

終身雇用・年功序列が当たり前で、一度就職してしまえば定年まで働くことができたし、歳をとるにつれて給料も着実に上がっていきました。当時は年金問題で老後の生活に不安を覚えることもなかった。

さらに実力主義、成果主義を導入する企業もまだほとんどなかったので、仕事に対するモチベーションがそれほど高くない人、仕事のスキルに乏しい人にも、会社のなかになんらかの居場所がありました。そうした状況が変わりつつあるように見える、ということです。

## 職場が戦場になると労働者が疲弊する

「働きアリの法則」というのをご存知でしょうか。働きアリのコロニーは、一生懸命働くアリ、ときどきサボりながら普通に働くアリ、サボってばかりいてロクに働かないアリの三つの集団から構成されていて、常にその割合は2：6：2である、というのがこの法則です。

働きアリの法則は、企業や組織などの人間集団にも当てはまるとされ、実際にいろいろな企業を見ても、仕事熱心でみんなを引っ張っていく社員が二割程度、可もなく不可もなく普通に働く社員が六割程度、あまり働こうとしない社員が二割程度というケースが多いようです。

「やる気のある社員がたったの二割しかいないのに、よく企業として成立しているな」と驚かれる方もいるでしょうが、この比率にはちゃんと意味があります。

もし社員全員が仕事をバリバリやる積極的で優秀なタイプだったとしたら、その組織はどうなるでしょうか。全員が対抗意識をむき出しにして競い合うように仕事をするため、一時的には生産性や利益は上がるでしょう。しかし、やがて足の引っ張り合いがはじまり、社内の空気は殺伐《さつばつ》としたものになってしまうはずです。

また優秀な人は、「俺が、俺が」という自己主張が強く、どうしても個人プレーへと向かいがちなため、集団で一丸となって大きな仕事を成し遂げるのが難しくなります。これでは健全な組織とは言えません。

では、優秀な人たちと、それほど仕事熱心ではないけれど指示をだせば従順に動く人たちが同じ組織内にいたら、どうなるか。優秀な人をリーダーとするグループが複数つくられていき、今まで不可能だった大きな仕事にも取り組めるようになります。

同様に、働きの悪い、能率の悪い二割の社員も組織にとっては必要な人材です。なぜなら、彼らは組織に直接的な利益はもたらさないものの、組織を健全に維持していくための「潤滑油」の役目を果たしてくれる場合があるからです。

たとえば、みなさんの職場にも普段はそんなに仕事熱心ではないけど、いつも冗談ばっかり言ってみんなを笑わせている人や、社内旅行や飲み会の席になると急に元気になり、自分から盛り上げ役を買って出る人が一人か二人はいるでしょう。

ムードメーカー的な人が社内に一人いてくれるだけで職場の雰囲気はぐっと和《なご》みます。

仕事に追われて鬱々《うつうつ》とした気分が続いていたとしても、たとえば自分より仕事のできない人がいることで安心したり、気分がよくなったりし、「明日からも頑張ろう」と思えるようにもなるものです。つまり、仕事をさぼってばかりいる二割の人も、組織を健全に維持していくのに貢献しているということです。

かつての日本の多くの企業では、2：6：2の「働きアリの法則」が保たれていて宴会要員やムードメーカー役の社員にも、それなりの居場所が用意されていました。しかし、実力主義、成果主義を導入する企業が増えたことで、彼らの居場所は急速に失われつつあります。

仕事をしない人を許容する昔の企業風土を礼賛するわけではありませんが、組織が生産性ばかりを重視し、職場が戦場のような状況になると、働いている人はどんどん疲弊して息苦しさを感じるようになってしまいます。

## 非正規雇用の本当の問題とは何か

実力主義、成果主義が日本企業に浸透してきたことに加えて、「雇用形態」そのものも随分変化しました。

高度成長時代の日本企業では人を雇う場合、正社員としての雇用が当たり前でしたが、バブルが崩壊した一九九〇年後半以降は、正社員の採用数を減らし、契約社員や派遣社員、嘱託、パート、アルバイトといった非正規雇用を増やす企業が急速に増加しました。

その結果、一九九〇年に約八八〇万人だった非正規雇用者数は、二〇一八年には約二一二〇万人にまで膨《ふく》れ上がり、現在は働く人の四割近くを非正規社員が占めています。

非正規社員には、自分の都合や状況に合わせて自由に働けるというメリットもありますが、それ以上に多くの欠点や問題点があります。

まず問題となるのは、正社員との待遇の違いです。厚生労働省が二〇一九年三月に発表した「賃金構造基本統計調査」によると、正社員(男女計)の平均年収が約三二四万円なのに対して、非正規社員(同)の平均年収は、正社員の六割程度の約二〇九万円。さらに新聞やテレビの報道によれば、年収二〇〇万円に満たない非正規社員が七五%もいます。

実家暮らしの独身者なら年収二〇〇万円でも、慎《つつ》ましく暮らせばなんとか生活できないこともありませんが、首都圏で部屋を借りた場合、この年収では食べていくだけでギリギりでしょう。

福利厚生の面でも非正規社員は不利な立場にあります。非正規社員であっても希望すれば社会保険や年金に加入することは可能ですが、厳しい加入条件が課せられていて、すべての人が加入できるというわけではありません。

また、正社員はスキルアップしていくことで給料が徐々に上がっていきますが、非正規社員には、スキルアップの機会すらほとんど用意されていません。

厚生労働省が発表した「能力開発基本調査」(二〇一八年)によると、正社員にOJT(日常の業務につきながらの教育訓練)を行っている事業所は約六三%だったのに対し、正社員以外にOJTを実施している事業所は約二八%。この数字を見ても、日本の企業は大部分の非正規社員を「使い捨ての労働力」としてしか見ていないことがわかります。

待遇の違いも問題ですが、私が考える最大の問題は、希望しても長く働き続けることができない点にあります。

企業は、非正規社員を勝手にクビにはできない決まりになっているものの、一年や半年といった短期契約を結ぶことも可能ですし、契約期間が過ぎれば再契約を結ばない選択も当然可能です。つまり、その人が何年その会社で働き続けられるかは、企業側の判断、選択にゆだねられています。

そうなると雇われている側は、「いつ職を失うかわからない」という不安に常にさらされながら働くことになります。こうした状況を改善するために「有期雇用契約者が勤続年数五年を超えた場合は、無期雇用にしなければいけない」という法令、いわゆる「五年ルール」が二〇一八年に定められましたが、このルールにも落とし穴が存在します。

多くの人は「五年働けば正社員になれる」と思っているようですが、このルールはあくまで「雇用契約期間を有期から無期に変更しなさい」と言っているだけで、五年以上働いたからといって正社員と同じ待遇にしろと命じているわけではありません。たとえば今まで有期のパートだった人が無期のパートとして働けるようになるだけなのです。

今の状況をよく理解していない人のなかには「就職活動に失敗して一度は非正規社員で働くことになったとしても、再び試験を受けて正社員を目指せばいいではないか。ボヤいている暇があったらもっと積極的に働け！」などと言う人もいますが、日本はそんなに合理的な制度になっていません。

アメリカのように新卒入社という発想がなく、転職が当たり前の国ならば、一度就職に失敗してもリベンジを果たすことは十分可能でしょう。しかし、日本では新卒一括採用がまだまだ一般的なため、一度非正規社員として働き始めてしまうと、そこから抜け出すのは至難の業《わざ》。一流大学を卒業したのにワーキングプアに陥っている若者が多いのを見ても、それはわかるはずです。

## 人を育てることを怠る企業に未来はない

政府が労働力の規制緩和を行い、企業に非正規雇用を認めるようになったのは、言うまでもなく経営難に苦しむ企業を救うためです。

正社員を減らして、その分を非正規社員でカバーすれば人件費が削減できます。また正社員は勝手にクビにはできませんが、非正規社員は忙しいときは増やし、暇なときは減らすといったコントロールが可能なため、企業側はムダのない労働力を確保できるようになります。

確かにバブル崩壊の影響で大企業が次々に倒産するのを食い止めるためには、規制緩和も仕方がなかったかもしれません。企業が潰れてしまったら、労働者が働く場所すらなくなってしまうわけですから。しかし、私には今のこの状況は、どうしてもまともだとは思えないのです。

それでは、今後、日本企業はどんな雇用形態を目指していくべきなのでしょうか。

そもそもフルタイムで同じ仕事をしているのに、正社員と非正規とを分けること自体が間違っています。非正規社員というものを全廃して、企業側は正社員と、時間給のアルバイトという二つの働き方に統一すべきだというのが、私の意見です。

当然、企業の人件費負担は増えますが、人を育てることに金を出し惜しんでいては、企業に未来はありません。内部留保を増やすことばかり考えている企業が最近は多いようですが、そんな金があったら人に投資しろと私は言いたい。

「この会社で働きたい。就職できたら一生懸命働くつもりだ」という人は正社員として受け入れて、ちゃんと育ててあげるのが企業本来の役目です。それによって、最終的には企業も国家も利を得るはずです。

もちろんすべての人を正社員にしろとは言いません。育児や親の介護など、家庭の事情でフルタイムでは働けない人もいるし、「俺は会社に縛られずに、自由に生きたい」と考える人もいるでしょう。そういう人は、割り切ってアルバイトとして働いてもらえばいい。

雇用制度を変えるのは口で言うほど簡単ではないと思いますが、企業の論理ばかりを優先するのはいい加減やめて、今後は働く側を保護する方向に舵《かじ》をきっていかないと、この国に未来はありません。労働者たちに喜びや意欲を持って働いてもらうには、彼らから安心感を奪ってはならないのです。

そうは言っても、正社員になったからそれで安心というわけではないのが難しいところです。今は一部上場の企業だからといって絶対に潰れないとは限りません。逆に小さな会社が、一〇年後に日本を代表する大企業へと成長を遂げることだってあります。結局、大事なのは、どんな仕事についたとしても自分を磨く努力を怠らないこと、置かれた場所で懸命に生きることなのです。

## 終身雇用を崩壊させてはならない

今述べてきた状況を踏まえ、「日本の終身雇用制はすでに崩壊した」などと語る経済学者も最近は多いようです。しかし、私は終身雇用に関してはまだ崩壊の段階には至っていないと思っています。

なぜなら企業の中心(主流)にいる人たちは、今もしっかり終身雇用に守られているからです。それはデータにも表れています。しかし、主流から外れた人が定年前に辞めていくケースが増えているため、外からは終身雇用が壊れたように見えてしまっているのでしょう。

たとえば入社以来、原子力発電の研究を続けてきた技術者の場合、勤めていた企業が「我が社は原子力部門から完全撤退する」と宣言したら、「もうここに俺の居場所はない。会社を辞めるしかない」と考え、他所《よそ》に居場所を求めるのは当然です。

ビジネスの世界が、昔とは比べものにならないほどのスピードで変化するようになった結果、そういうことが今、あちこちの大企業で起こっています。

二〇一九年以降、企業側からも終身雇用制度について見直そう——という動きが少しずつ出始めています。経団連の中西宏明会長が「終身雇用は制度疲労を起こしている」と発言。トヨタ自動車の豊田章男社長も「終身雇用を守っていくのが難しい局面に入ってきた」と言い始めました。こうした声は終身雇用制度を直《ただ》ちに全廃するということではなく、時代の変化に対応すべきという発言であり、正論だと言えるでしょう。

企業側にとっては、同じ社員を定年まで雇うよりも、その時代にあったスキルを持った人材を流動的に雇用したほうが、効率がいいに決まっています。しかし、だからといって終身雇用を完全に廃止する方向に舵をきって、いいわけがありません。

なぜなら、企業というのは経営者の損得や利益のためだけに存在しているわけではないからです。利益を出すことは企業を存続させていくためには必要です。しかし、仕事を通じて働く人を幸せにすること、生きる喜びを提供することも、企業が果たすべき大切な役目なのではないか——と私は思うのです。

ある程度の年齢になれば、当然生産性は落ちてくるだろうし、会社にとってはお荷物になるかもしれません。しかし「この会社でずっと働き続けたい」と思っている人を辞めさせるということは、その人から人生の喜びを奪ってしまうことを意味します。「仕事＝人生」と考えるなら、仕事を失った人間は人生を失ったも同然です。

また長期にわたり、その会社に貢献し、仕事のやり方を習得している人材をさらに教育し、より適応する仕事を与えることは、会社にとっても自らの資産を大事にすることになります。マイナスばかりではありません。

最近の若者のなかには「終身雇用なんてものにしがみつくのは古い生き方だ。俺は転職を繰り返しながらキャリアアップを目指す」などと頼もしいことを言う、意識が高い人もいます。もちろんそう考える人がいてもいいのですが、すべての人が転職を繰り返す覚悟やエネルギーを持っているわけではありません。

ひとつの会社で安心して長く働き続けたいと望んでいる人たちのほうが、世の中にはずっと多いはずです。企業は、そんな人たちを切り捨てるのではなく、なんとか守ってあげなくてはなりません。高い給料を払い続けるのが、どうしても苦しいというのなら、年収を下げればいいのです。三分の一か半分にする。それが嫌という人には独立するなり、辞めて別のところへ移るなりしてもらえばいいと思います。

しかし、「給料なんて関係ない、この会社が好きだから働きつづけたい」という人は、絶対にいるはずです。仕事を通して人生が豊かになっていくという実感を持てたら、その人はずっとその会社で働きたいと思うはずです。

そういう人のためにも、企業側は一律に終身雇用を廃止するのではなく、それぞれの人の希望に添ったいくつかの選択肢を用意していくべきではないでしょうか。細かい部分についての議論は必要になってくるでしょうが、私は終身雇用に関しては、今後も維持していくことが望ましいと思っています。

## 「働き方改革関連法」は仕事を悪と捉えている

二〇一九年四月に「働き方改革関連法」が施行されました。一九四七年(昭和二二年)に制定された労働基準法の約七〇年ぶりの大改革ということで、私も最初は期待していたのですが、内容を知った途端、「政府はいったい何を的外れなことをやっとるんだ!」と思わず怒りの声をあげそうになりました。

今回の改革の目玉となるのは「残業時間の上限規制」と「年次有給休暇の取得義務」です。違反した企業には、企業名の公表や刑事罰（六ヶ月以下の懲役、または三〇万円以下の罰金）が科せられます。

政府は長時間労働による過労死や過労自殺の問題を重くみて、残業を規制するルールを定めたようですが、はたしてこの法令が施行されたことで働く人は本当に幸せになれるのでしょうか。

私に言わせれば「ノー」です。なぜなら、本来仕事は人に喜びや生きがいをもたらしてくれるものなのに、この法令はそれを完全に無視して、仕事＝悪というスタンスでつくられているからです。

長時間労働に伴う問題を解決することも確かに大切ですが、労働者の幸せを本気で願うのならば、「どうすれば働きやすい環境をつくって、働く人たちの意欲を高めていけるのか」をまずは考えなければいけません。

しかし、この法令はそうはなっていない。仕事のマイナス面ばかりに注目し、「長時間労働はダメ。もっと休みをとらせなさい」と言っているだけなのです。

「時間外労働の上限は月に四五時間、年三六〇時間まで」と法律で決められても、そうはいかない仕事もたくさんあります。たとえば商社の仕事の場合、海外が取引相手だから、現地の時間を考慮して夜中や明け方に連絡をとることもあります。二四時間どこかで誰かが必ず仕事をしているし、残業だって当たり前の職場です。

大企業の下請けで働いている中小企業も、こんな法令を守れるわけがありません。下請け業者は、残業してでも納期を死守しなければ信用を失います。「弊社は働き方改革のルールを厳守するつもりなので、その納期では無理です」と正直に言っていたら、仕事の依頼がなくなって、あっという間に会社は潰れるでしょう。

私はなにも「もっと残業させろ」と言っているわけではないのです。ひとつのルールですべてを一律に管理するという考え方が間違っているということです。

みなさんが働いている職場にもいろいろな働き方を希望する人がいるはずです。「できれば定時に帰って家庭サービスに励みたい」という人もいれば、「仕事を早く覚えて一人前になりたいから、今は残業もいとわない。もっと働かせて欲しい」と思っている人もいます。

そうした個人の都合や状況を無視し、十把一絡《じっぱひとから》げのルールを定めて労働時間を規制しようということが問題だと言いたいのです。

## アメリカ人も日本人以上に働いている

現場経験が少ないか、まったくない官庁のエリートばかりだからでしょうか、厚労省は働き方改革を「個々の事情に応じた柔軟な働き方を実現するための改革」と定義しているようです。聞いて呆れます。言っていることとやっていることが、完全に逆でしょう。

働く人たちの現場は、この法令が施行されたことで、すでにおかしな状況に陥っています。残業していることが総務部や人事部に知られると面倒なことになるため、タイムカードを定時に押して照明を消した薄暗いフロアでパソコンに向かったり、資料を持ち帰って家でこっそりサービス残業を行ったりする人が増えていると聞きます。

本当ならば「君はいつも頑張ってるな」と会社に褒められるべき人が、逆に肩身の狭い状況に追い込まれている。これはどう考えてもおかしい。そもそも残業という概念自体、曖昧なもので、タイムカードの数字だけで測れるものではないのです。

私がニューヨークに駐在していた頃は、定時の退社時間を過ぎると、机のなかにしのばせておいたウイスキーをみんなで飲みながら「明日はヨーロッパにこの数字を出して交渉してみようぜ」などと、深夜までオフィスに残って仕事の打ち合わせをすることもありました。

職場で酒は飲まなくとも、みなさんのなかにもタイムカードを押して退社したあとに、同僚や先輩と飲みながら、仕事や明日のスケジュールについて話すことがあるはずです。

今の法令で言えば、これは残業になるのでしょうか。それともアフターファイブの飲み会になるのでしょうか。ちなみに私の場合、残業代は一銭も出ませんでしたが、それを苦痛だと思ったことは一度もありませんでした。

日本人は働き過ぎなどともよく言われますが、数字に表れた労働時間を基準にするから、そう見えるだけで、実際はこれも疑わしいのです。

ほとんどの日本人は「欧米人は仕事よりもプライベートの時間を大切にしている」と思っています。私も最初はそう思っていたのですが、ニューヨーク駐在時代に有名大学を出たエリートビジネスマンの友人宅を訪れて、認識が変わりました。

彼は日頃から「夜は早く帰って子どもの面倒をみている」と言っていたのに、冗談じゃない。書斎に入ったら、デスクの上には書類や読みかけの仕事関係の本が山積みになっていて、それでも収まりきらない本や書類が部屋の床に溢《あふ》れかえっていたのです。

残業こそしないものの、家に帰ると夜遅くまで自室に閉じこもって仕事関係の資料を読んだり、自分のキャリアを高めるための勉強をしたりしていたというわけです。

すべてのアメリカ人がそうだとは言いませんが、日本人以上に働いているアメリカ人がたくさんいることも事実です。

## 部下の言葉を鵜呑みにするな

脱線したので、話を「働き方改革」に戻しましょう。働き方改革の必要性がさかんに叫ばれるようになった背景には、何年か前に電通やＮＨＫで起きた過労による自殺や、過労死の事件があります。

政府はこの事件の原因を長時間労働に求めて、働き方改革のルールづくりを行ったようですが、ルールで残業に上限を設けただけで、過労死や過労自殺を本当に防ぐことができるかは疑問です。

というのも、私には過労死や過労自殺の原因が長時間労働だけにあるのではなく、往々にして上司の怠慢がそこには関係しているように思えてならないからです。上司が日頃から部下を含め部署全体に注意を払うように心がけていれば、ある程度は過労死や過労自殺は防げるのではないでしょうか。

夜遅くまで毎晩残業している部下がいたら、上司は「おい身体は大丈夫か？　どうしても仕事が終わらないようだったら、他の社員を助っ人につけてやるぞ」と気遣ってあげなくてはいけません。

もしかすると、その部下は「心配いりません。まだまだやれます」と強がって答えるかもしれませんが、その言葉を鵜呑《うの》みにしてはダメです。過労で倒れたり自殺したりしてしまう人は、責任感が強く真面目な人がほとんどですから、そう簡単には弱音を吐きません。

日頃から部下の性格や仕事ぶりをしっかり掌握できている上司なら、部下の言葉が強がりなのか本音なのかはすぐにわかるはずです。ましてやストレスを抱えて自殺を考えているような社員は、いくら見た目では強がっていても、なんらかのサインを必ずまわりに発しています。それをキャッチできないのは上司の怠慢です。

過労死や過労自殺は、こうした上司と部下の間のコミュニケーション不足が原因になっている場合が実際は多いのです。

本気で過労死や過労自殺を防ぎたいと思うなら、まずは上司が部下の体調や働き方をきちんと見守り、ケアできるような体制を各企業がつくっておくべきです。国が一律に残業の上限ルールを定めるよりは、そのほうがずっと効果的だと私は思います。

## ルールや規則ではすべてを解決できない

何か問題が生じると、政府はすぐに全労働者一律でルールや規則を定めて解決しようとします。しかし、仕事や働き方がどんどん多様化している今の時代、ひとつのルールですべてを縛ろうという考え方自体が、時代遅れではないでしょうか。

「働き方改革関連法案」を見る限り、政府はタイムカードの数字だけで労働者を管理できると思っているようですが、もうそんな時代ではありません。

たとえば最近は「リモートワーク」という新しい働き方を導入する企業が増えています。リモートワークとは、会社に出社せずに自宅や外出先でインターネットを使って仕事を行うことを指します。リモートワークでは、働く場所も時間もすべて働く人の裁量にまかされているため、当然タイムカードなどというものは存在しません。

そんな時代に九時に出社して一八時まで働け、八時間労働を厳守せよ、昼飯は一二時から一時に食べなさいなどと国が決めること自体、ナンセンスと言わざるをえない。

「ワーク・ライフ・バランスの実現のためには労働時間を減らすことが急務。その点では働き方改革は評価してもいいいんじゃないか」と言う人もなかにはいますが、ワーク・ライフ・バランスとは、そんなに単純なものなのでしょうか。

働く人が一〇〇人いれば一〇〇通りの仕事と生活のバランスが存在します。そうだとすれば、仕事5、生活5を理想と考える人もいれば、仕事8、生活2のバランスを望む人がいてもいい。それぞれ人によって考え方や生活環境が違うのだから、労働時間を減らすだけがワーク・ライフ・バランスを実現する手段とは限りません。

ではどうして、こんな的外れな「働き方改革関連法」が誕生してしまったのでしょうか。それは働かせる側(経営者側)が、働く人よりも利益や効率を優先するようになったからです。

もし本当に過労死対策をしようとすれば、それぞれの社員の状況にあった働き方を企業が認め、個別に対応していくことが必要です。しかし、それを徹底しようとすると、ものすごく面倒なことになってしまう。だから政府も時間を基準にした統一ルールを定めることにした、ということです。

残業の上限ルールも経営者側にとって都合のいい制度です。与えられた仕事量は今までと同じなのに、月に四五時間以上働いてはいけない——となったら、働く側は休憩時間を惜しんで必死に働くので、人件費の節減にも役立ちます。

経営者のなかには「これで人件費が減らせるし、経営もラクになる」とほくそ笑んでいる人がいるかもしれませんが、私に言わせればそれは大きな勘違いです。

今までは「弊社ではこんな体制で社員を働かせています」と労働基準監督署に報告するだけでよかったのに、労働時間把握義務が法的に課せられるようになったため、これまで以上に厳密に労働時間を把握し記録しておく必要がでてくるからです。

すべて時間で把握するということは、そういうことなのです。とりわけこれは中小企業の人事部や総務部にとっては大きな負担になるはずです。政府は、よかれと思って法令を定めたのかもしれませんが、結果的には無駄な仕事を増やし、経営者も労働者も苦しめることになってしまう。

誰も得をしないこんな法令にいったい何の意味があるでしょうか。

## 正社員より給料が高い非正規がいてもいい

二〇二〇年四月には働き方改革の次の一手として、「同一労働同一賃金制」が導入されるそうです。「同一労働同一賃金制」とは、同じ職場で同じ仕事をする正社員と、非正規社員の待遇差や賃金格差を無くすための制度のことです。格差に苦しんでいる非正規雇用者を救うことを目的につくられたという点では評価に値《あたい》しますが、この制度にも問題がないわけではありません。

ロボットがやっても人間がやっても、同じ時間で同じ成果を上げられる単純労働ならば、「同一労働同一賃金」の考え方が当てはまります。しかし、ほとんどの仕事はそうではありません。人によってそれぞれ仕事のスキルも違うし、仕事のやり方やスピードも違います。

同じ経理の仕事に就いたとしても、いい加減に仕事をやって、間違いだらけの書類を提出してさっさと帰るタイプの人もいるし、絶対にミスをださないように時間を掛けてコツコツ仕事に取り組むタイプの人もいます。

それを一律に働いた時間だけで評価して、同じ賃金を支払うというのはおかしな話ではないでしょうか。「同一労働同一賃金」と言いながらも「同一労働時間同一賃金」になっているところが問題なのです。

本当ならば労働というものは、「時間」ではなく「成果(業績)」を基準に評価されるべきです。たとえば、別の会社で特別なスキルを身に付けてきた人が、非正規社員として入社したとしても、正社員よりも成果をあげたのなら、正社員より高い給料を払っていいと私は思います。

多くの日本人は「労働の価値は働いた時間の量で決まる」と思っているようですが、じつはそんなふうに考える国は、先進国では日本ぐらいです。

日本では毎年四月に新卒一括採用が行われ、同じ会社に入った新人の初任給はほぼ全員同じです。しかし、アメリカでは、同じ仕事についたとしても出身大学や学んできたスキルによって初任給は大きく違います。

採用の際や人事評価には、その人が今まで担当した業務内容や範囲、難易度、スキルなどがまとめられた「ジョブ・ディスクリプション」と呼ばれる職務記述書が使われ、それ(成果)を参考に企業は個々の給料を決めているのです。

成果主義を導入することが、日本のすべての労働者にとって本当に幸せなのかどうかは、なんとも言えませんが、日本人特有の「みんな同じがいい。みんな同じルールでやっていこう」という考え方を、そろそろ改める時期にきていることは間違いありません。

## 女性の働き方は日本だけの問題ではない

「すべての女性が輝く社会を目指す」と、政府は言っているようですが、女性の働き方に関しても、日本はまだ十分に整備されているとは言えない状況にあります。結婚して出産後も働き続けたいと希望する女性が今は当たり前になっていますが、子どもを預けて働こうとすると、保育所問題という大きなハードルに直面します。

夫が大企業に勤めていて給料を潤沢にもらっている場合なら、それほど心配する必要はありません。子どもを預けて働きたいと思ったら私立保育所に入れたり、ベビーシッターを雇ったりと、どうにでもなります。

しかし、夫が給料の安い中小企業に勤めている夫婦は大変です。奥さんが働こうと思ったら公立保育所に子どもを預けるしか方法がないのですが、入園申請の窓口でまず戸惑うことになります。

これから働き口を探そうと思っているのに、「お子さんを預けたいのでしたら、現在働いていることを示す就労証明書を持ってきてください」と言われてしまうのです。専業主婦よりも本当に困っている母親を優先したいのはわかりますが、これでは子どもを預けて働くどころか、就職やアルバイトの面接にすら行けない。

最近は事業所内に保育所を併設し、子連れ出勤可能という女性に優しい企業も増えてきているようです。しかし、これも現実的とは言えません。都内の朝の通勤ラッシュにベビーカーと一緒に乗り込むのは至難の業だし、下手をすると子どもが圧死しかねません。ラッシュ時を避けて出勤できるように出社時間を考慮してくれるケースもあるようですが、帰宅時も電車を利用することを考えると、やはり今の子連れ出勤は、女性にとって負担の大きい働き方と言えるでしょう。

女性の負担を少しでも減らすために、政府も「男性の育児休暇取得」の啓蒙活動を行うなど、それなりにアクションを起こしてはいるようですが、男性の育休はなかなか社会に浸透しません。二〇一八年の調査によると男性の育休取得率はたったの六%。そのうちの半数以上が五日未満の育児休暇しか取得していないのが現状です。

政府も企業も女性たちに本気で寄り添うつもりならば、男性の育休取得を義務化するなど、さらなる取り組みが今後は必要になるはずです。

こうした働く女性をとりまく現状を知って「男女平等が徹底されている欧米をもっと日本も見習うべきだ」と思う人も多いと思いますが、女性の社会的立場が低いのは、じつはアメリカも同じです。

アメリカは女性の社会進出が進んでいると言われてはいるものの、実際には男女間の賃金格差が今も存在するし、女性の昇進の機会も限られています。またアメリカでは産休や育休制度も日本ほどは整っておらず、ほとんどの女性は出産直前まで働き、育休を一～二ヶ月程度とってすぐに職場に復帰します。休暇の間は無給となるため、なかには出産後二週間ほどで職場復帰する女性も少なくないようです。

この状況を見てもわかる通り、アメリカという国は、じつは日本よりもさらに女性の人権が低い国と思っていいのかもしれません。近年は徐々に改善されてきているとはいえ、まだ男女平等とはとても言えない状況にあるのは事実です。

アメリカでは「レディーファーストは男のたしなみ」などと言われますが、それはわざわざ「レディーファースト」を声高に宣言しないと、すぐに女性への差別意識が頭をもたげて「レディーラスト」になってしまうということでしょう。

いずれにせよ、女性の働き方や人権の問題については、今後日本だけでなく、世界中の国々が、社会文化を含めて本気で取り組んでいかねばならない問題だと思います。

なにやら偉そうなことを言いましたが、自分のことを振り返ると恥ずかしくなります。私の場合は、家事も育児もワイフに任せっきりで、仕事ばかりしていましたから、参考になる体験談はお話しできません。

でも女性のことを下に見たことは一度もないし、照れくさいから言葉にはださなかったけれど、いつもワイフには「ありがとう」と感謝の気持ちを抱いて生きてきたつもりです。私の本をワイフが読むことはほとんどありませんので、ゴマすりの役には立たないということで、あえて書き足しておきます。

## 「経営者の論理」より「働く側の論理」を優先すべき

さて、この章では今の日本企業の現状や「働き方改革」の問題点についてお話ししてきましたが、私は、非正規雇用問題にしても過労死の問題にしても、政府や企業が「働く側の論理よりも経営者の論理を優先している」ことが、すべての問題の発端になっているように思っています。

かつての日本企業は、利益も当然重視していましたが、一方で働く人々を大きな家族の一員として見守り、育てていこうという意識を持っていました。それがいつの間にか、利益ばかりを追い求めるようになり、人を使い捨ての道具としてしか見なくなってしまった。これでは働く人が仕事や人生に喜びを感じられなくなり、努力をしなくなって当然です。

低成長時代が到来し経済が長く低迷している今、「国家を立て直すためには、企業をサポートしていかなければならない」と政府が考える気持ちもわからなくはありません。しかし、企業がいくら大きく強くなっても、そこで働く人たちが不幸になったり、明日に希望を抱けなくなってしまったりしたら意味がありません。

企業も国もそれを動かしているのは人です。松下幸之助氏は「松下電器は人をつくっています。あわせて電気機器もつくっています」と人間ファーストの姿勢を語りましたが、そういう姿勢に再び立ち返ることが、今の日本には必要なのではないでしょうか。

# 第四章　「Do your best everyday!」——日々後悔なし

## 「定年」という概念はなくなりつつある

少し話は飛びますが、私はいずれ定年や退職という概念自体、日本からなくなっていくのではないかと思っています。

今のところはまだ六〇歳定年制をとっている企業がほとんどですが、「改正高年齢者雇用安定法」により、希望した従業員は六五歳まで働くことができるようになっていますし、今後、継続雇用対象年齢の引き上げも検討されています。

このまま少子高齢化が進むと、労働力不足はさらに進むし、年金受給開始年齢も上がっていくでしょう。そうなると当然「六〇歳や六五歳で隠居したい」などと呑気《のんき》なことは言っていられなくなります。

企業側にしても、せっかく育てたシニア社員を辞めさせるくらいなら、活用したほうがよほどメリットになるので、なんらかの形で高齢者を継続雇用しようという企業が増えてくるはずです。

そもそも、定年＝退職（仕事を失う）と多くの人が考えているかもしれませんが、そうした考え方自体、再検討する時代がそろそろ来ているのではないでしょうか。

　私が社会人になった頃（一九六〇年代）の日本人男性の平均寿命は六八歳前後でした。つまり定年を迎えるくらいの年齢になると、人生の終焉《しゅうえん》に近いお爺さんになっていた。今の六〇代、七〇代は当時と比べて驚くほど若々しいのに、昔のまま六〇歳定年などと言っているのがおかしいのです。

　シニアの活用法には、いろいろなやり方があると思われますが、たとえば相談役やアドバイザー的な仕事を用意してあげるのもいいかもしれません。長く会社に勤めたベテラン社員は、社長や会長以上に経験や知識を持っています。そうした知識を後輩たちに伝える役割を担ってもらうのです。

　相談役というと、会長や社長が退任した後に用意されている特別なポスト、給料だけもらって何もしない名誉職というマイナスイメージを抱く人も多いと思いますが、私がここで言う相談役、アドバイザーはそれとは違います。一般の社員たちが困ったり、迷ったりしているときに電話やメールで気軽に相談にのって、人手が足りないときには出社し、助っ人として働いてくれる人のことを指します。

「景気がいい時代ならともかく、今は人件費をこれ以上増やすわけにはいかない」などと経営者は言いそうですが、お金は彼らにとってはさほど問題ではないのです。アルバイト程度の給料でもみんな喜んで引き受けるでしょう。

彼らをアドバイザーとして雇ったとしても、もちろん全員がその役目をしっかりと果たしてくれるとは限りません。人間には向き不向きがあります。現役時代に部下たちに対して高圧的な態度をとっていた人の場合、アドバイザーになっても煙たがられて誰からもお声がかからないこともあるかもしれません。でも、それは本人の責任です。その年齢になり、誰にも必要とされていないとわかったら、自分から潔《いさぎよ》く辞めていくものです。

## 肩書きがそれほど大切なら、背中に書いておけ

実際、会社員のなかには、ある程度の年齢になって役職につくと、自分は偉いと勘違いしてしまう人が多くいます。特に部長クラスになると、周りの人たちが気を遣ってくれるため、なんとなく偉くなったような気持ちになりがちです。

一度そういう立場に慣れてしまうと、それが当たり前になってしまい、役職をはずれて

からも傲慢《ごうまん》な態度が抜けなくなってしまいます。こういう人は始末に負えません。そんなに過去の肩書きにすがって生きたいのなら、背中に「私は一部上場企業の社長でした」「部長でした」と書いた札をぶら下げて歩いたらいい。そのほうがみんな笑ってくれるだけ、マシではないでしょうか。

私が社長だったとき、自分を偉いと思ったことは一度もありませんでした。世間では私のことを「四〇〇〇億円の不良債権を抱えていた伊藤忠をV字回復させたすごいヤツ」と言ってくれる人もいるようですが、あのときも、経営者として当たり前のことをやっただけ。不良債権処理を先延ばしすれば、ダマしダマしやりすごすこともできたかもしれませんが、苦しいときだからこそ「嘘をつかずに正直になるべきだ」と考え、行動しただけです。

会社は社会の公器ですから、経営者は社会に対して絶対に嘘をついてはいけません。商売というのは何でもそうですが、正直で誠実な姿勢こそが信用につながります。ものづくりの会社だったらいい製品をつくることも信用を高めることになりますが、商社の場合は何もつくらずにモノを売り買いしているだけと思っている人が大部分です。「清く、正しく、美しく」という姿勢で勝負するしかないと考えたのです。

不良債権を一括処理する決断をしたときは、「市場の信用を失って会社が潰れるかもしれない」という不安も当然ありました。しかし、正直・正義を貫くことで、逆に信頼してもらえるはずだと信じて決断しました。結果的にはうまくいきましたが、別に私は特別なことをやったわけではなく、経営者として当然のことをしたにすぎません。ましてや背中に「名経営者」と自慢げに書くなど、考えるだに汗顔のいたりです。

## バカになりたくなければ、生活は変えるな

企業の社長のなかには、一日でも長く社長の座にとどまっていたいと考える人もいるようですが、私に言わせれば、社長など長くやるものではありません。どんなに意思を強く持っていても、長く権力の座にとどまると必ず人間は腐敗してしまうからです。

最初のうちは社長の過ちや行きすぎを注意してくれる人が周りに何人かはいるのですが、やがてはみんなイエスマンばかりになり、いつのまにか自分の立ち位置が見えなくなってしまうのです。

最近のアマチュアスポーツ界を見ても、それはわかるはずです。ボクシング、テコンドー、体操など、競技団体のトップによる組織の私物化問題が世間を騒がせました。一人の人間がトップに長く居座り続けると、こういうことが起きます。

「三年権力を握ると人はバカになる」と昔からよく言われますが、これは事実です。ここで言うバカとは自分を客観的に見られなくなって傲慢、不遜《ふそん》になるという意味ですが、私は絶対にバカにはなりたくなかったから、社長時代も会長時代も、神奈川の自宅から一時間以上かけて電車通勤を続けました。

運転手付きのクルマで通勤したほうが当然快適なのですが、それをやってしまうと毎朝ラッシュの電車に押し込められて出勤してくる普通の社員たちの気持ちがわからなくなり、同じ目線でものを見ることができなくなってしまいます。

社長や重役になるとベンツやＢＭＷを買ったり、豪邸を建てたりする人がいますが、そんなことをしているから世間の常識や普通の感覚がわからなくなって、しまいには普通の人の倫理観すら失ってしまうのです。バカになりたくないと思ったら、まずは生活を変えないことを心がけるべきです。

私は今も、課長時代に建てた築四〇年の古い家に住み続けているし、日常の移動手段も徒歩か自転車です。取材に我が家を訪れたメディアの人たちは、「なんで会長まで務めた人が、こんな暮らしを?」と驚くようですが、私はもともと贅沢にはまるで興味がないし、会社を辞めてからもやっぱりバカにはなりたくなかったのです。

三年権力を握るとバカになると言いながら、私は社長を六年務めました。これは新しい社長に一点の曇《くも》りもない状態で会社を引き渡したかったからです。なんとかバカにならずに六年間過ごせたのではないかと自分では思っています。

先ほど、せっかくアドバイザーになったのに、誰からもお声がかからない人の話をしました。そうならないためには、現役時代にどんなに高い役職にいたとしても「部長だろうが社長だろうが偉くもなんともないし、役職を退いたらただのオジサンだ」という謙虚な気持ちで生きることが大切です。

甘い考えかもしれませんが、そうやって普通の生活を続けていれば、部下から煙たがられたりはしません。普段から謙虚で正直な人の周りには、いくら現場を離れたとしても、同じ心を持つ人が必ず集まってくるはずです。

## 仕事の喜びとは「無形の幸せ」にある

一方で定年を迎えた人を相談役やアドバイザーとして再雇用せよといっても、会社にはそれぞれ懐事情があるため、再雇用とはならない人も当然出てくるでしょう。

しかし、会社を去ることになったとしても、「仕事を失ってしまった」と嘆く必要はありません。そこまで会社で育ち、成長した人ですから、NPO団体のボランティア活動や、地域の自治会活動などいろいろな道があると思います。

「仕事＝金を稼ぐこと」と多くの人は考えがちですが、仕事の喜びはお金を稼ぐことだけではありません。本当の仕事の喜びは、もっと別のところにあります。

そもそもお金を稼ぐことが、人間の幸せにつながるかというと、必ずしもそうとは言えないのです。お金というものは、ある一定のレベルに達すると、それ以上稼いでも幸せを感じられなくなってしまうと言われています。

二〇代、三〇代の給料が安い時代は、ボーナスが一〇万円増えただけでもすごく喜びを感じることができます。奥さんも大喜びして「これで子どもたちに欲しかったものを買ってあげられる。あなたのお小遣いも増やしてあげられるわね」と、家族全員幸せな気持ちになります。

しかし、ノーベル経済学賞受賞者でもあるアメリカの経済学者ダニエル・カーネマン（一九三四―）の研究によると、給料がどんどん上がって年収八〇〇万円（七万五〇〇〇ドル）を超えると、それ以上給料が上がっても、あまり喜びを感じなくなってしまうというのです。

八〇〇万円くらいの年収になると、経済的に満たされて日々の生活に不安を感じることもなくなるし、クルマやマイホームなど欲しいものはほぼ手に入るため、モノを買うことに喜びを感じなくなってしまうということなのでしょう。

日本では大阪大学の研究によると、年収五〇〇万円が幸福度の境目で、それ以上になると幸福の感じ方がどんどん緩やかになり、年収一五〇〇万円を超すと、逆に幸福度が下がっていくというデータもあるようです。

これはお金を持ちすぎると、今度はそれを失うのではないか、このままの暮らしをずっと維持していけるのだろうか、という新たな不安が生まれることを意味しています。

仕事によって得られるお金が、必ずしも人間を幸せにしてくれるものでないとしたら、仕事の本当の喜びとはなんでしょうか。

それは、チームが一丸となって目標に向かい、それを成し遂げたときに得られる「みんなと分かち合う喜び」です。人間とは、あるレベルに達するとこうした「無形の幸せ」を求めるようになります。それに対して、お金や、お金によって手にできる冷蔵庫だとか車だとか家だとか、それらはすべて「有形の幸せ」です。

「無形の幸せ」はある年齢に達したからわかる「成熟した幸せ」とも言えるかもしれません。そう考えると、NPO団体のボランティア活動や、地域の自治会活動はどうでしょうか。

こうした活動はお金にはならないかもしれませんが、「自分の存在が、誰かのために役に立っている」と実感できる。だとすると、それは仕事と同じだと私は思うのです。むしろ、お金を稼ぐだけのためにやっているわけではないのだから、仕事の、より純粋な部分が詰まっているとさえ言えるかもしれません。

前にもお話ししましたが、仕事を失うということは、人生の喜びを失うことを意味します。特に会社と家の間を毎日伝書鳩のように行き来していたサラリーマンは、狭い世界のなかだけで生きてきたので、仕事を失った場合は必要以上に孤独と寂しさを感じることになるかもしれません。

いずれにせよ、充実した人生を送りたいと思ったら、身体が動くうちはお金ではなく、社会・人とつながる「仕事」を続けたいものだと私は考えています。

## 毎日釣りやゴルフをやっていたら必ず飽きる

私の友達で、仕事を辞めた人がこんなことを言っていました。「やることがなくて毎日退屈で死にそうだ。俺はいったい何をすればいいんだ?」と。

彼は、定年後はお花畑のような何の悩みも苦しみもない時間が待っていると思っていたらしいのですが、仕事を辞めて初めて、「人生=仕事」を実感できない世界が広がっていたことに気づいたようです。

人間はもともと一人では生きられないようにつくられています。社会や組織という集団から離れて孤独になってしまうと、喜怒哀楽といった感情すら感じられなくなってしまうのです。

そうは言っても「もう四〇年近く働いてきたのだから、これ以上働かされるのは勘弁してほしい。老後は趣味を楽しみながら悠々自適に暮らしたい」と考える人もいるはずです。

働きたくない人に無理に働け、というつもりはありません。しかし断言しますが、毎日釣りやゴルフをやっていてもいずれは必ず飽きます。趣味は仕事の合間にたまにやるから楽しいのです。いくら釣りが好きだからと言って、人のためになる仕事でもないのに毎日釣りに出かけなさいとなったら、苦痛以外の何ものでもありません。

私の唯一の趣味は読書ですが、ほかに何もせずに一日中ひたすら本ばかり読んでいたら、身体も頭もおかしくなってしまうでしょう。

講演や執筆などの他のことをやっているからこそ、その合間の読書が楽しいのです。本のなかにはいろいろな学びや気づきがありますが、それを活かす場所や機会がなくなったら、なんのために本を読んでいるのかすら、わからなくなってしまいます。

社会や他者とどこかでつながっていない人生は、生きがい、喜びが感じられない人生です。社会との関係を保ちながら生きるには、やはり「人」との「仕事」を続けるしか方法はないのです。

このように会社を辞めたとしても、一生涯なんからの形で働き続けると考えたら、第一章で述べたように定年後にDNAのランプが点ることにも十分意味があるということになります。もちろん一〇人いれば一〇通りの人生の歩き方があって当たり前なのですから、他人と比較して一喜一憂する必要などありません。

重要なことは自分なりのスピードで一生懸命努力を続け、最終的に自分で「満足できる人生を送れた」と感じられるかどうかなのです。

## 仕事の仲間は、学生時代の仲間とは違う

もう少し、仕事の喜びについてお話ししておきます。

仕事の喜びには、人(他者)の存在が大きく関わっています。一人で努力して何かを成し遂げてもそれなりに喜びを感じますが、みんなで協力し合いながら成し遂げたときの喜びの大きさと比べると、それは非常にちっぽけなものです。

グループで一緒に苦労し、喜怒哀楽をともにするからこそ、何かを成し遂げたときの喜びは何倍、いや何十倍にも大きくなるのです。そして苦労をともにした人々の間には信頼という強い絆《きずな》が生まれます。

何かを成し遂げたという成果よりも、じつはこの絆、人間関係こそが、仕事における最大の財産、喜びと言ってもいいのではないかと私は思っています。先ほど述べた「無形の幸せ」です。

仕事の苦楽をともに味わった仲間は、その人にとって一生の宝になると言っても過言ではありません。定年を迎えて退職した人がよく口にする、こんな言葉を聞いてもそれがわかります。

「会社を辞めて一番寂しいのは、一緒に苦労した会社の仲間との付き合いがなくなってしまうことだ。みんなと会えなくなって、こんな気持ちになるとは思わなかった……」

ほとんどの人は会社の仲間に対しては、学生時代の友達とは違う「特別な感情」を抱くようです。考えてみると、これは当然のことです。

なぜなら学生時代の友人とはせいぜい四年間程度しか時間を共有していないのに対し、

職場の同期とは、四〇年近くを一緒に過ごすことになるからです。単純計算では家族、夫婦よりも一緒にいる時間が長かったりします。

また学生時代の友人のほとんどは遊び友達ですが、会社の仲間は、同じ目的に向かって苦労し、ともに乗り越えていくなかで喜怒哀楽、さまざまな感情を互いに共有した、いわば同志、戦友と言っていい。そのため結びつきの強さ、関係の密度が学生時代の友人とはまったく違います。

苦楽をともにすること、喜怒哀楽を共有することで、愛、共感、魂の結びつきといった強い絆、温かい感情が生まれます。

海外の映画には、最初はいがみ合っていた人々が、助けたり助けられたりしながら困難を乗り越えていき、やがては強い絆で結ばれた仲間になっていく、というストーリーがよく見られます。男女が主人公の場合も、苦楽を共にしながら冒険を続けるうちにお互い恋愛感情を抱くようになり、熱いキスを交わしてハッピーエンドを迎える——というストーリーが、ある種の定番です。

ここからも「他者と苦楽を共にしながらハードルを乗り越えていく」という行為が、人間の喜びや感動につながるのは、世界共通の普遍的なことだとわかります。だからこそ、一緒に苦労した会社の仲間に対して、私たちは特別な感情を抱くのです。

定年になって完全に仕事を辞めて、何もしなければ、他者と接する機会が失われ、そうした「無形の幸せ」を感じることができなくなってしまいます。

## Do your best everyday!

ここまで「死ぬまで仕事、死ぬまで努力」と、みなさんに偉そうに言ってきましたが、さすがに八一歳ともなると、私も若い頃と同じというわけにはいきません。身体のあちこちが痛くなってくるし、気力も当然落ちてきます。

私はそんなとき、次のような言葉を自分に問いかけ、気持ちを奮い立たせるようにしています。

Do your best everyday?　ベストを尽くして日々生きているか?

若い頃は間違った行動や判断をしても、「二度と同じ過ちを繰り返さないようにしよう」と反省すれば、それでよかったのですが、私ぐらいの年齢になるとそうはいきません。残された時間が限られているため、「今回はダメだったけれど、次は頑張ればいいや」という言い訳はきかないのです。

次の機会があるかどうかすらわかりません。だからこそ、毎日ベストを尽くして生きているか、と絶えず問いかけることが必要なのです。

もちろん自分が「これがベストの判断、行動だ」と思っていても、それが間違っている場合もあります。でも常にすべてのことに全力で取り組んでいれば、たとえうまくいかなかったとしても、いまさら後悔することはありません。

たとえば、それほど勉強せずに試験を受けて落第点をとったなら「しまった、もう少しあの問題をやっておけばよかった」とあとで後悔するでしょう。でもベストを尽くして試験に挑んだのであれば、落第点だったとしても、「俺は精一杯やった。これが自分の実力だ」と納得できるはずです。

そんなふうに後悔のない日々を送ることを、私は自分に課しています。

「毎日ベストを尽くせ」などと声高に言うと、「そんなこと言われなくてもわかってる」と若い人たちは笑うかもしれません。でも、若い人が言う「ベスト」と、八一歳の私が言う「ベスト」では、少し意味が違うのです。

若い頃の私は、こんな文脈でベストを捉えていました。「一週間後にこの仕事を仕上げるために、ベストを尽くそう」。つまり、ある程度先の「未来」を見据えて、そこに向かって全力で努力するという意味です。

でも今、私が思っているベストは、日々、瞬間瞬間の一挙手一投足を「ベストを尽くして生きる」ということで、「現在」に焦点が合っています。

私ぐらいの年齢になると、現在は未来でもあります。つまり、今は「過現未《かげんみ》」（過去―現在―未来）を含む一瞬でもあり、ひとつの時代でもあるということです。

二〇一八年の六月に開催された沖縄全戦没者追悼式で、相良倫子《さがらりんこ》さんという沖縄の中学生が「生きる」という詩を朗読しました。それを聞いて、今の私の気持ちを代弁してくれているような気がしたので、一部抜粋して紹介します。

私は、今を生きている。
みんなと一緒に。
そして、これからも生きていく。
一日一日を大切に。
平和を想って。
平和を祈って。
なぜなら、未来は、
この瞬間の延長線上にあるからだ。
つまり、未来は、今なんだ。

今を生きるということが、未来の「とば口」なのだから、「今」のこの瞬間を、ベストを尽くして生きるのです。

そんな生き方を心がけていると、常に平常心を保っていられるようになるだけでなく、ピンと張り詰めた清々《すがすが》しい気持ちで日々を過ごせるようになります。

私の場合、終わりを意識するようになって、「今」の大切さに改めて気づかされたのですが、それを思うと、歳を取ることも、そんなに悪いことではないのかも知れません。

多くの人は、人間は歳を取るとともに気力や体力、昔の記憶、昔の友人などいろんなものを失っていくと考えがちですが、一方で今までわからなかったことや気づかなかったことが、長く生きれば生きるほど見えてもくるのです。

## 本当の意味での勝ち組とは何か

ある程度の年齢になると、自分の人生を改めて振り返って「俺の人生は勝ち組だったのだろうか、それとも負け組だったのだろうか？」と考えたりする人もいるようです。今の世の中は競争社会ですから、どうしても人は勝ち負けにこだわりがちです。

サラリーマンの社会では、出世して大金持ちになった人が勝ち組で、出世街道からはずれてしまった人が負け組ということになっているようですが、人生の勝ち負けというのはそんなに単純なものでしょうか。

私は、人間の幸せというものは、仕事で成功するとか、富を手に入れるといったことだけではないと思っています。自分の気持ちに正直に生きて、「俺の人生は幸せだった。たいして出世はできなかったけど、人としての過ちを犯したり、誰かを裏切ったりすることもなくてよかった」と思えたなら、それが最高の幸せではないでしょうか。

逆に、いくら出世して巨額の富を手に入れたとしても「俺は今まで多くの人を欺《あざむ》いたり、傷つけたりしてきた。出世はしたが恥ずかしい人生だったかもしれない」と反省したくなるような人生はとても幸せとは言えません。

たとえ出世しなくても、ずっと貧乏暮らしであったとしても、人生の最後に「これでよかったのだ」と自分で納得し、安堵感を感じながらあの世に旅立てる人こそが、本当の意味での勝ち組だと私は思います。

そんなふうに考えるようになったのは、学生時代に出会った一冊の本がきっかけでした。フランスの作家、ロマン・ロラン(一八六六―一九四四)が書いた長編小説『ジャン・クリストフ』という本がそれです。

この小説は、ジャン・クリストフというドイツ生まれの架空の音楽家が、人生の苦悩と喜びを経験しながら、魂の成長を遂げていくプロセスを描いた作品です。主人公クリストフは、とにかく正義感が強くて、自分の気持ちに忠実な人物。たとえば音楽界における党派の横行、音楽家と批評家の裏取引などを見ると、それを許すことができず、相手が巨匠音楽家であっても公然と批判します。

政治に対しても同じで、間違ったことや嘘は絶対に許しません。そうした姿勢ゆえにクリストフはさまざまな圧力をかけられ苦しむことになるのですが、次から次へと襲ってくる問題に屈することなく立ち向かい、最終的には人生の戦いに勝利し、音楽家として成功を収めます。

## 自分の心や正義に忠実に生きることは難しい

この小説を書いたロマン・ロランは、ベートーベン（一七七〇―一八二七）、ミケランジェロ（一四七五―一五六四）、トルストイ（一八二八―一九一〇）の偉人伝の著者としても知られていて、『ジャン・クリストフ』の主人公は、この三人の偉人の生き方や思想がモチーフとなっているようです。

なかでもベートーベンの生き方の影響が強く表れています。ベートーベンは、いろいろなことを犠牲にしながらも自分の心に忠実に生きた人、まさにジャン・クリストフそのもののように思われるほどです。

私は『ジャン・クリストフ』を大学の頃に読んだのですが、今改めて思い返すと、「俺は主人公のクリストフに憧れ、無意識のうちに同じような生き方をしようとしてきたのではないか」と感じます。

私もこの本を読む前から、自分が正しいと思ったことは、口に出して言わずにはいられませんでした。そのために、苦しい立場に追い込まれたことも何度となくありました。たとえば入社三年目の頃の話です。

ある日、隣の課の同期の友人から「うちの課の上司がどうやら不正(今から思えば小さなことですが)に手を染めているらしい。俺もその片棒を担がされそうになっていて困っている」と相談を受けたのです。友人は不正とはわかってはいたものの、相手が直属の上司だけに、何も言えずに苦しんでいたようでした。

「公言しないでくれ」と彼からは言われていたのですが、それを知った私はいてもたってもいられなくなり、次の日、その上司に「あなたがたがやっているのは粉飾だ。なぜそんなことに部下を巻き込むのだ」と面と向かって言ってしまいました。

私は間違ったことをしたつもりはないのですが、そのあとが大変でした。「丹羽はスパイだ。不都合なことを丹羽に知られると、すぐに上に報告されるから注意しろ」という噂が近くの人たちに伝わり、一時的にですが村八分状態におかれてしまったのです。

自分の心や正義に忠実に生きるというのは、口で言うほど簡単ではありません。たとえばあなたが、上司の不正に気づいたとしましょう。黙っていれば来月課長に昇進できるのに、告発すると自分もクビになるかもしれない、となったらあなたは正直になれるでしょうか。

そして自分に嘘をついて出世できたとしても、果たしてそれは勝ち組と言えるでしょうか。正直に行動してクビになったら、それは負け組なのでしょうか。

私は、クビになったとしても自分の信念や正義を貫くことこそが、「本当の生き方」だと思っています。そんな人生の生き方、考え方を私に教えてくれたのが小説『ジャン・クリストフ』でした。

全一〇巻（日本語版は文庫本全四巻で約二三〇〇ページ）からなる大作なので、読むのは大変かもしれませんが、ぜひ機会があったらみなさんも読まれるようおすすめします。どんなに辛い環境におかれても、情熱と強靭な意思を持って立ち向かっていけば、やがては自分に勝つことができるとわかっていただけるはずです。

## 老後資金は人に投資するために使う

小説の最後にクリストフは亡くなってしまうのですが、作者ロランは序文でこんな力強い言葉を記しています。

「今日の人々よ、若き人々よ、こんどは汝《なんじ》らの番である！　われわれの身体を踏み台となして、前方へ進めよ。われわれよりも、さらに偉大でさらに幸福であれよ」

この言葉は、ロランの「クリストフのような生き方を一代で終わらせるのではなく、今後も引き継いでいって欲しい」という次世代へのメッセージだと、私は捉えています。

このように生きるためのヒントやメッセージを次の世代に伝えることも、今後シニアがやるべきことだと思います。私はいろいろな本を書いたり、講演で話をしたりしていますが、それは次の世代に伝えたいことがあるからでもあります。

経験を通じて学んだことや気づいたことを次の世代に引き継ぐことで、若い人たちに大きく成長してもらい、自分たちが頑張ってもできなかったことを実現して欲しいのです。

「平々凡々と生きてきた自分には、子どもや孫に語れることは何もない」という人は、次世代を育てるための支援をしてあげればいいと思います。老後のためにたくさんのお金をため込んでいる人もいるでしょうが、もしお金に余裕があるなら人を育てるために使ってもらいたい。たとえば子や孫が留学したいというなら、そのための資金を出してあげてはどうでしょう。そのほうがよっぽど有意義な金の使い方だと思うのです。

海外で半年でも一年でも暮らしてみれば、現状に満足してぼんやり生きている若者であっても「日本はこのままではいけない！」と問題意識を持つようになるはずです。最近の若者はどんどん内向きになっていて、あまり海外には出たがらない人も増えているようですが、誰かが背中を押さなければ状況は変わりません。

企業も同じです。海外に羽ばたきたいという若い社員がいたら積極的に送り出してやるべきです。私が経営者だったら「海外で勉強したいので、半年くらい会社を休ませて欲しい。自費で行くので休みだけください」という社員がいたら、喜んで送り出して、帰国したらそれなりのポストを用意するでしょう。長い目で見れば企業にとって絶対にプラスになるはずです。

子どもや孫を海外に行かせるだけでなく、自分自身が定年になってから海外に行くのもいいと思います。贅沢なシニアツアーに参加して、観光地や美しい風景を眺めて帰ってくるのも、それなりにリフレッシュしていいですが、それより一定の期間海外に留まり、現地の生活を体験し、そこから日本を見てみる。つまり、DNAのランプを点すために新たな努力、新たな体験をしてみるのです。

実際に私の知り合いにも、六〇歳を過ぎてからイギリスに渡り、有名大学の夏期講座を受けてきた人がいます。彼は英語はたいしてしゃべれなかったけれど、「行けばなんとかなるだろう」と思い切って短期留学に出かけることにしたと言います。

夏休みの期間に学生寮に入って学んだそうですが、他の国からも六〇代や七〇代の人が多く参加していて、そこで知り合った人たちと文通を始め、今もたどたどしい英語でやりとりを続けている。素晴らしいことです。好奇心と新しい世界に飛び込む勇気さえあれば、年齢など関係ないのです。

自分は部屋で一日中ゴロゴロしているのに「お前、海外にでも行ってもっと視野を広げてこい！　客観的に日本を見る目をもたなきゃいかんぞ」と子どもや孫に言っても、説得力がありません。自らが行動に移すことで、子どもたちも「おじいちゃん（お父さん）すごい！　僕も負けてられない」となるはずです。

一ヶ月の短期間であっても、違う場所で暮らしてみると人間は変わります。「海外から帰ってからなんだかイキイキしてるし、お洒落《しゃれ》になったね」などと言われたら、しめたものです。若い人には大人が行動で示すことが、一番効果的だということです。

# 第五章　「清・正・美」——若い世代の諸君へ

## とんでもない時代がやってきた

前章の最後で若者の話をしましたが、「死ぬまで努力」という観点から私が最近の人たちを見ていて、ひとつ気になることがあります。それは高齢者も含めて日本人が昔と比べてどんどん覇気《はき》がなくなり、保守的になってきているように感じられることです。

同じようなことは、もう何十年も前から言われてきましたが、このところ、その傾向がますます強くなっているように思えます。

周りを見回しても、安全な道ばかり求めてリスクを伴うような冒険にチャレンジする人はほとんどいません。成人してもずっと親元に留まり、自立を望まない若い人も増えています。彼らの多くは「安定した職業に就き、それなりの給料を貰い、可もなく不可もない生活が送れれば、それで十分幸せ」と思っているようです。

また、彼らの現政権に対する支持率の高さも気になるところです。日経新聞が二〇一九年六月に行った世論調査では、六〇代以上の安倍政権支持率が四九%だったのに対し、二〇代の支持率はなんと七割に達したそうです。

かつての日本では中高年層が保守、若年層が革新という対立構造が当たり前だったのに、今では完全に逆の様相を呈し始めているようです。

日本の経済成長期を生きた若者たちは、もっと無鉄砲でエネルギーに溢れていました。安定を避けてわざと知らない世界に飛び込んだり、政治に対する異議を声高に叫んだり……。今思うとずいぶん正義感の強い人が多かった。


六〇年安保の時代に青春期を過ごしたこともあり、私は学業よりも学生運動に時間を費やしました。大集会で演説している姿をテレビのニュースや新聞で報道されたこともあるし、警察に逮捕されそうになったこともあります。でも正義のため、人のため、社会のためにやっているという信念があったから、あるいは若さゆえの無鉄砲からか、恐れるものなど何もありませんでした。

卒業後は普通の会社に入社しましたが、それは安定した会社に入りたかったからではありません。「学生運動をやっていたから、どこを受けても不合格になるだろう」と何も考えずに一番早い入社試験の会社を受けたところ、たまたま合格しただけです。

お恥ずかしい話ですが、そのときは商社とはどんな仕事をするところかさえも知りませんでした。

私が育ったのは名古屋市西南部の下之一色町《しものいっしきちょう》という町です。大学時代までずっと実家暮らしだったので、母親は「大学を出た後もそのまま地元に残って、銀行や市役所にでも勤めてくれればいいのに」と思っていたようです。

でも私は、あえて名古屋以外の勤務地を希望し、地元を離れることにしました。それは「田舎で毎日家と職場を往復するだけの生活を送っていても刺激がなくてつまらない。もっと別の世界を見てみたい」と思ったからです。

堅苦しい実家生活に辟易《へきえき》していたのも、地元を離れようと思ったもうひとつの理由です。実家が古くから本屋をやっていたため、私は子どもの頃から「本屋の息子＝優等生」というイメージで周りから見られていました。そんな窮屈な生活から一刻も早く解放されて自由になりたかったのです。

## 行儀がよすぎるのもつまらない

上京して三鷹の独身寮に入ってからの生活も、自慢できるようなものではありませんんでした。もちろん仕事は一生懸命やりましたが、毎晩先輩や同僚たちと酒ばかり飲んでいたため、財布の中身はいつもすっからかん。

生活費が足りなくなると先輩や上司に「すいません、二〇〇〇円ほど貸してもらえませんか?」と頭を下げて借りるのですが、すぐになくなってしまう。それでにっちもさっちもいかなくなると、実家の親に内緒で祖父や祖母に一〇万円ほど帰省の度にもらい、溜まった飲み屋のツケを払ったり、先輩に借金を返したり……。我ながら自堕落な日々を送っていたと思います。

家計だけでなく生活もめちゃくちゃでした。独身寮では朝食と夕食が出るのですが、いつも会社が夜遅く終わるとそのまま飲み屋に直行して、朝は出社ギリギリまで寝ているから、寮で食事をしたことは一回もありません。風呂もめったに入らなかったし、洗濯物もたまり放題。布団も干したことがなかったし、掃除すら一度もしたことがありません。

環境を変えるしかないと思っていた私にとって、入社二年目の年、学生時代から六年間付き合っていたワイフと結婚したことが金星でした。そのときも貯金はもちろんゼロ。指輪も買ってあげられなかったし、結婚式にかかった費用も誰が払ったのかすら覚えていません。しかし、生活は少しまともになった。すべてはワイフのおかげと言うしかありません。

私の時代と比べると今の若者は堅実です。仕事もそれなりに真面目にするし、将来の生活設計をしっかり考えて毎月貯蓄もしている。飲みにいっても深酒はしないし、終電まではきっちり帰宅する。身だしなみにもちゃんと気を遣っているのがよくわかります。

それらは決して悪いことではありません。むしろ、いいことだとされています。しかし、あまりに行儀がいいため、なんだか小さくまとまりすぎて、つまらない気がしてしまうのは私だけでしょうか。

商社に入ってくる新入社員も同じです。友人に聞いた話なのですが、一〇人ほどの新人を集めて、「このなかに海外で働きたい人はいるか?」と訊ねたところ、なんと一人しか手が上がらなかったのだそうです。彼はびっくりして、「じゃあ君たちは、なぜ商社に入社したのか?」と聞いたところ、即答で「今で十分満足ですし、給料がいいからです」という言葉が返ってきたと言います。

その話を聞いた私は、怒りを通り越して呆れかえってしまいました。昔は商社に入ってくる人間は「世界をまたにかけて働きたい」「大きな仕事を成し遂げたい」と、それなりの夢を抱いていた人が多かった。しかし、今の新人たちは「海外には出たくない。なるべく国内で働きたい」というのです。

生活環境を変えたくない、今の生活を守りたいということは、すなわち現状に満足して内向きになっているということです。年寄りのような考えの人ばかりでは、日本の将来のためにもなりませんし、夢も持てません。

## SNSで「いいね」を貰って喜んでいていいか

一昔前の就職難の時代と比べると、確かに今の若者は仕事の面では恵まれています。リーマン・ショックの影響を受けた二〇〇九年頃を境に求人倍率は年々上昇していますし、平均年収も徐々にではありますが上がってきています。有名上場企業や大企業にこだわらなければ、働き口を探すのにもさほど苦労することはないでしょう。一度企業に就職して正社員になってしまえば、それなりに暮らしていけるのも事実です。

若者が外に目を向けなくなって、どんどん内向き志向になっている状況は、ツイッターなどのＳＮＳを見ていてもわかります。みんなＳＮＳに自分の意見や写真をさかんにアップして「いいね」（あるいは♡マーク）を送り合っていますが、私には小さなコミュニティのなかで、馴れ合っているだけのように感じられるのです。

いろいろな人がそれぞれ意見を多くの人に向けて発信できるようになったのは素晴らしいことです。昔は、新聞や雑誌に投書でもしない限り、自分の意見や言葉が不特定多数の他者に届くことはなかったし、飲み屋で社会や人生について議論することはあっても、相手は仲間内の極少数に限られていました。

しかしＳＮＳを使えば、あっというまに日本中、いや世界中の人々に自分の意見が伝わります。そして何百、何千もの人から「いいね」がもらえるのです。ＳＮＳにアップされた一人の意見がどんどん賛同者を集めて大きなムーブメントとなり、社会がよりよい方向へと向かっていくのなら、こんなに素晴らしいことはありません。

たとえば少し前にアメリカで話題となった「#MeToo運動」などがいい例でしょう。セクハラや性暴力を受けた一人の女性が、ＳＮＳで被害を訴えたのをきっかけに、「私もこんな被害を受けた」「私もこんなひどい目にあった」という情報が次々に集まり、草の根運動的な大きなうねりとなっていきました。弱者の声が寄り集まって社会悪を倒すムーブメントになったのです。

このように、ときには注目すべき意見がアップされ、そこから有意義な議論が生まれることもあります。しかし、私が見る限り、ほとんどの場合、残念ながらそうはなっていません。むしろ、どうでもいい当たり障りのない意見や情報をアップし、「いいね」を送り合って満足しているだけのような印象があります。

「#MeToo運動」にしても、しがらみが多く本音を語りにくい日本では、なかなか盛り上がりませんでした。日本における「#MeToo運動」は、むしろ本来の趣旨から離れ、とるに足らない些細なことに「私も、私も」と同調するだけの場となっているように思えます。

せっかく世界に自分の意見を発信できるツールを手にしたのに、なぜもっと重要なことを語ったり議論したりしないのでしょうか。おそらくそれは、ＳＮＳが、他愛もない意見や言葉をやりとりしているだけでも、十分喜びを感じられるツールだからです。近年、四六時中スマホを触っていないと落ち着かない「SNS依存症」が増えているようですが、止められなくなってしまう気持ちもわかります。

みんなから「いいね」をもらうと、「私の賛同者がこんなにたくさんいる。私の影響力ってすごいかも」と自己承認欲求や万能感が満たされ、どんどん気分だけがよくなってしまう。しかし、実際にはそれは錯覚に過ぎません。

SNSが、世界に開かれたオープンな場所のように見えて、狭いコミュニティのなかだけの自己満足ツールになってしまっているわけです。

## リアルな社会にも「沈黙」が広がっている

もうひとつ、SNSを見ていて最近気になるのが、アップされる意見が総じて「穏やか」であるという点です。批判的な意見がアップされることも、ときにはありますが、体制に牙を剝《む》くような激しい意見はほとんど見られません。過激なことを書くと個人攻撃を受けてすぐにネットが炎上してしまうため、なるべくなら波風を立てたくないということなのでしょうか。

「激しい意見をなるべく発しない」という動きは、ネット社会だけでなく、リアルな社会にも広がり始めています。

安倍政権下で森友・加計問題などが噴出したときも、野党はそれほど激しく追及しませんでした。本来なら「お前の言っていることはけしからん。正直にすべてを洗いざらい話せ！」といった意見が、もっと野党から出てきてもよかったはずですが、なぜかそうはならない。

新聞や雑誌などのメディアも同じです。批判的な記事が書かれることはあっても、総じて穏やかな論調のものばかりです。二〇一九年七月の参院選では、れいわ新選組やN国党が躍進しましたが、このときも政策についての議論はなく、代表を務める山本太郎《やまもとたろう》さんや、立花孝志《たちばなたかし》さんの選挙戦略やパーソナリティに関する報道ばかりがなされました。

国民も「どうせ何を言っても変わりはしないだろう」と諦めてしまっているのでしょう。選挙を行っても最近の投票率はせいぜい五割くらいで、二〇代の投票率に関して言えば三割強とさらに低くなっています。

私のように政治に対して歯に衣着せぬ意見を言う人間はみんなから敬遠され、SNSで採り上げてくれる人すらいません。しかし、みんなが黙っていて波風が立たない社会というのは、じつは非常に危険な状態にあると言えます。ドイツの政治学者エリザベート・ノエル＝ノイマン（一九一六―二〇一〇）が書いた『沈黙の螺旋理論』という本をご存知でしょうか。

この本では世論形成のプロセスが、およそ次のように説明されています。

「人間はもともと孤立を恐れる傾向があるため、自分の意見が少数派・劣勢だと感じると黙ってしまう。逆に自分の意見が多数派・優勢だと感じた場合は、どんどん声が大きくなる。その結果、実態よりも（一見）多数派の意見が世論の中心をしめているように見えてくる」

この説明は、私たちが暮らしている今の日本社会の姿に、ぴったりと当てはまっているように思えます。

## 「いいね」を押す人は賛同者ではない

では、どうして激しい意見がでてこない社会になってしまったのでしょうか。理由としてまず考えられるのが「同調圧力」です。

同調圧力は現実社会にもありますが、ネット社会にも強力な同調圧力が存在します。たとえば、SNSにアップされた誰かの意見に対し、「自分はそうは思わない。あなたの考えは間違っている」と反対意見を述べたとしましょう。その誰かの意見が「いいね」を多く集めている多数派の発言だったとしたら、あなたの反対の声はみんなからコテンパンに反撃されるか、無視されることを覚悟しなければなりません。

なぜならそれは、現状に波風を立てる行為だからです。空気を読まない発言をすると排除され、やがては孤立してしまう。現実世界も同じですが、ネットではそれが簡単に行われます。そのため、どうしてもSNSの発言は、自分に都合のいい答えを示してくれる人の言葉には同調し、そうでない人を排除する方向へと向かいがちなのです。

そう考えると、SNSの「いいね」にたいした意味がないことがわかってくるはずです。「いいね」をもらった人は「こんなにたくさんの人たちが自分の意見に賛同してくれた」と喜びますが、「いいね」を押す人は、あなたの意見に賛成というわけではないのです。自分の意見を持っているというより、同調圧力に流されているだけという感じさえします。

もうひとつの理由としては、「何が真実で何が嘘なのかがわかりにくくなってきた」ことも挙げられます。SNSやネットには毎日のように大量のフェイクニュースが飛び交っています。

フェイクニュースと言えばトランプ大統領の顔が真っ先に思い浮かぶでしょうが、大統領選に勝利したときも、彼は戦略的にフェイクニュースを利用しました。「ローマ法王がトランプ支持を表明した」、「民主党のヒラリーはテロ組織に武器を売っている」などといったヒラリー陣営に不利な情報が、まことしやかに大統領選の際に飛び交ったのは、おそらくみなさんも記憶にあるはずです。

トランプ大統領は最近も「中国のファーウェイ（通信機器大手メーカー）がスパイ工作を行っていて、米国の安全保障を脅かしている」などと、確証のないことを真実の如《ごと》く言い始めています。これについてはいまだ根拠も明らかにされていないし、真実かどうかは今のところは誰にもわかりません。

さらには「Alternative facts（もうひとつの事実）」「Post Truth（真実を軽視し、感覚を優先すること）」という言葉が当たり前に使われるようになったことも大問題です。

トランプ大統領の就任式に集まった人々の数は、オバマ大統領の就任式のときよりも少なかったのは誰が見ても明らかなのに、共和党陣営は「トランプ大統領は過去最大の人々に祝福された」とフェイクニュースを発信しました。そして批判されるとこう反論したのです。「それは嘘ではなく、Alternative factsだ」と。こんな発言がまかり通ったら、なんでもありの社会になってしまいます。

イギリスのEU離脱の是非を問う国民投票の際にも、同様にフェイクニュースが流されました。実際のEU加盟の拠出金（負担金）は週一億数千万ポンド程度なのに、EU離脱派は「EU加盟の拠出金は週三億五〇〇〇万ポンドにも達する」と嘘の主張を行ったのです。

そのせいもあってか、投票では僅差で離脱派が勝利し、今の混迷の状況に至っているのですから、影響は甚大です。

こうした状況を踏まえ、「Post Truth」という言葉が当時大きな話題を呼びました。Post Truthとは「客観的な事実よりも、感覚的な訴えが政治に影響を与える状況のこと」を意味します。つまり、情報が嘘か真実か定かでなくても真実の如く通用する時代が到来したということです。

## 「茹でガエル」から「茹で人間」へ

何が真実で何が嘘なのかがわからないのですから、反論することに意味が見いだせなくなってしまうのも仕方がないのかもしれませんが、私はこのことに強い懸念を覚えています。

もっとも、こうした状況は今に始まったことではなく、じつは二〇年以上前から言われ続けてきたことです。

私が社長になったのは一九九八年、当時の日本はバブルが弾けて散々な状況でした。社長として約四〇〇〇億円もの不良債権を抱え、どうしたものかと悩み苦しんでいた時代です。その頃、海外生活が長かった友人からこんな言葉を聞きました。

「丹羽さん、今の日本人はまるで茹《ゆ》でガエルだ。こんなひどい状況なのに、みんな黙っていて何も言わない。いったい日本はどうなっているんだ?」

カエルを熱いお湯のなかに入れると、身の危険を感じて飛び出して逃げようとします。しかし、水から徐々に温度を上げていけば、水温の変化に気づかないため、気分よく過ごすことができますが、やがて茹で上がって死んでしまう。日本人はまさにそんな茹でガエル状態だと彼は言うのです。

それを聞いた私は「確かにそうだ」と納得したものの、当時はまだ「湯のなかから引っ張り出して冷水でもぶっかければ、なんとか生き返るだろう」とたかをくくっていました。

しかし、あれから二〇年以上経って、日本人は茹でガエルならぬ、完全な「茹で人間」になってしまったようです。茹でダコなら食えますが、茹で人間は煮ても焼いても食えないから始末に負えません。

なぜお湯の温度がどんどん上がっているのに、日本人は声を上げようとしないのでしょうか。その一番の理由は、他の世界を知ろうとしないからです。しばらく海外にでも飛び出して、客観的な視点で日本を見れば、いかに危機的状況にあるかがわかるはずなのに、みんな呑気にSNSで「いいね」を集めたりして満足しているから、危機的状況に気づくことがないのです。ぬるま湯のなかで暮らしてきたため、徐々にお湯の温度が上がっても気づきにくくなっているということです。

ぬるま湯にどっぷり浸かって、誰も不平不満を言わなくなった社会は、果たしていい社会と言えるでしょうか。声を上げずに沈黙を守っているということは、現状に満足していることを意味します。選挙に足を運ばないことも、現政権、政策に賛成していることと同じです。

しかし、かなりの人々がそのような態度をとっており、その結果、もはや社会が限界に達しつつあることは、さまざまなデータや事件が物語っています。

## 日本という国は、本当に幸せな国か

日本人は、他国と比べると自己愛傾向が強い国民です。みなさんのなかにも「日本人は謙虚で優しいし、真面目で勤勉だし、公共マナーもしっかりしている。こんなに優れた国民は他にはいない」と思っている人は少なくないはずです。

日本という国家についても「それなりに発展しているし、安定していて治安もいい。他の国と比べても暮らしやすい国だ」とおそらく多くの人は思っているのではないでしょうか。

ギリシア神話に登場する美青年ナルシスは、泉の水面に映った自分の姿に恋をして、その場所から離れられなくなり、やがては痩《や》せ細って死んだそうです。私には、今の日本人は、まさに自己愛が原因で死んだナルシスそのもののように見えてなりません。

これにはメディアも加担しています。テレビを見ても、最近は日本文化や日本人を褒めたたえる番組がやたらと増えています。

日本贔屓《びいき》の外国人を海外からわざわざ連れてきて、伝統工芸や日本文化を体験してもらい「ニッポンって、スバラシイデスネ!」と言わせるなど、一見ただのバラエティ番組のように見えて、日本民族はいかに優れているか、日本文化は世界の人々からいかに注目されているか——といったことを裏テーマに描いている番組も目立ちます。

さらに二〇二〇年の東京オリンピックが目前に迫ったこともあって、巷《ちまた》では「日本礼賛ブーム」が巻き起こっているように感じます。

しかし、日本という国は本当にそんなに素晴らしい国、世界に自慢できる国なのでしょうか。一人あたりのGDPや健康寿命を含む六つのデータを総合的に分析し、幸福度をランキング形式にまとめた「世界幸福度報告」というものが毎年、国連の関連団体から発表されていますが、これを見ると客観的な日本の「幸せレベル」がわかります。

二〇一九年版の日本の幸福度ランキングは、世界で何位だと思われますか。「さすがにベスト一〇には入らないまでも、三〇位内くらいには入っているのでは？」と考える人が多いかもしれませんが、現在の日本のランキングは、国連に加盟している約一五〇ヶ国のなかで五八位。幸福度調査がスタートした二〇一二年から二〇一五年までは、なんとか四〇位台をキープしていたものの、二〇一六年以降は五〇位台に下がり、二〇一九年は過去最低の順位でした。

幸福度ランキングの上位を占めているのは、フィンランドやノルウェー、デンマークといった北欧諸国です。これは社会保障に手厚いことが影響していると考えていいでしょう。

イギリス、ドイツ、アメリカ、フランスなど先進国は、日本よりもずっと上で一〇位～二〇位台を行ったり来たりしています。アジア諸国のなかで最も幸福度が高いのは台湾で、二五位。韓国も五四位と日本よりも上にいます。

ロシアは六八位、中国は九三位です。中国が日本よりも下位にいるのを知って、ホッと胸をなで下ろしている人もいるかもしれませんが、中国はどんどん発展していますから、今後逆転されることは十分ありえます。

世界幸福度は「国民一人あたりのGDP」「社会の寛容さ」「社会の腐敗の少なさ」「人生の選択の自由度」「社会的支援の充実ぶり」「健康寿命」の六つのデータを総合して算出されているので、内訳を見ると、日本がなぜ五八位なのかがわかってきます。

「国民一人あたりのGDP」を見ると日本は二四位。約一五〇ヶ国のなかではまだまだ上位レベルにいますが、二〇〇〇年のGDPが世界二位だったことを思うと、ずいぶん下がってしまいました。一方、中国を見ると一〇年ほど前は九八位くらいだったのに、今は六八位まで浮上してきています。

「社会の寛容さ」を見ると日本はかなり低くて九二位。これは過去一ヶ月にチャリティなどで寄付したことがあるかどうかが基準になっているので、日本は社会的弱者に厳しい国、自分のことしか考えていない国ということになります。

次は「社会の腐敗の少なさ」。私には日本の政治はかなり腐敗しているように感じられるのですが、これは意外によくて三九位。人生で何をするかの選択の自由に満足しているかどうかを示す「人生の選択の自由度」は六四位。これは、やりたい仕事に就けているかどうかを意味するので、日本人の多くは仕事や人生に何らかの不満を抱えていることになります。次いで、貧しい人をサポートする体制が整っているかどうかを示す「社会的支援の充実ぶり」は五〇位となっています。

「健康寿命」だけは二位と、ダントツに高くなっていますが、これも手放しでは喜べません。元気で長生きなのは素晴らしいことですが、日本の場合は少子化が深刻な問題となっています。若い世代が減っていき、年寄りだけがどんどん増えていくのは、必ずしも理想的な社会とは言えないでしょう。

こうして客観的な数字を見ていくだけでも、日本に対する見方は変わってきます。「日本はスゴイ。世界に誇れる国だ」と思っているのは、じつは日本人だけで、実際の日本の世界における立ち位置は、私たちが考えているよりもずっと低いことがわかるはずです。

## 日本は経済的にも自然環境的にも危機的状況にある

国力を示す他のデータを見ても、日本は世界のなかではそれほど優位にないことがわかります。たとえば日本の食料の自給率は三七％（二〇一八年）しかありません。これは先進国では最低レベルです。

国土面積がもともと狭いので仕方がないとも言えますが、日本より面積が狭いドイツの自給率が九五％、イタリアが六〇％、イギリスが六三％となっているのを見ると、明らかに日本の食料自給率が少なすぎるのがわかります。

エネルギー自給率も地下資源に乏しい日本は約九・六％（二〇一七年）と、これも主要国のなかでは最低レベルにあります。国内で使っているエネルギーの九〇％以上は、海外から輸入した化石燃料によって賄《まかな》われているのです。

経済の状況も、決して自慢できるものではありません。「ジャパン・アズ・ナンバーワン」などと言われていたのは遥か昔の話で、どんどんGDPのランキングが下がっているだけでなく、国の借金も年々膨らんで、二〇一九年三月末の時点で借金総額は約一一〇三兆円。過去最大を記録しています。

政府は「景気は徐々に上向き傾向にある」ともっともらしい顔で言っているようですが、実態を伴ってはいません。企業の利益は、確かに上がってきてはいますが、これは真面目に本業で収益を上げているわけではなく、金融緩和で金利がものすごく安くなっているのが大きな原因と言われています。

たとえば二〇一九年三月期に経営再建中のある会社が四年ぶりに配当を復活しました。株価も緩やかにではありますが回復しつつあるように見えます。そうすると、「一度は経営危機に陥ったのに、頑張ってるじゃないか」と一般の人は思うかもしれません。

ですが、実際は増資をしたり、半導体メモリ事業を売却したり、政府から安い金利で借りた金で自社の株を買ったりしているだけ。「自社株買い」に関して言えば、本来借りた金は、企業を再建するための設備投資にまわすべきなのに、どういうわけか新しい仕事への投資ではなく、その金で自社の株を買っているのです。「自社株買い」をすれば当然株価は上がります。しかし実態を伴わないマネーバブルでは、やがて弾けるのが目に見えるとの声が出ています。

また、これは世界的に言えることですが、地球温暖化の影響もあってか、日本ではここ数年、異常気象による自然災害が頻発しています。今後は、大きな台風が毎年のように日本を襲うようになるかもしれないし、南海トラフ地震もいつ起こっても不思議はありません。大災害が年々日本に近づいてきているのは間違いなさそうです。

幸せで安定した国どころか、今の日本は経済的にも自然環境的にも大きな不安を抱えた状況にあると思って間違いないでしょう。

## いじめや引きこもりの原因は「大人たちの劣化」

こうした状況にありながらも、ほとんどの日本人は危機感を抱くことなく日々平穏に暮らしているように見えます。しかし一方で、日本社会の行き詰まりは、社会問題や事件など、さまざまな形で表面化しているのです。

たとえば「引きこもり」の急増もそのひとつです。内閣府の発表によれば、日本の引きこもり人口は現在およそ一〇〇万人。そのうち四〇代以上の中高年の引きこもりが、なんと半数以上の六〇万人を超えているそうです。明らかな異常事態です。

二〇一九年六月には、農林水産省の元事務次官が、四〇代の引きこもりの長男を刺殺するという痛ましい事件がありました。私はこの元事務次官と面識があったため、事件をニュースで知ったときは「とてもそんなことをする人ではなかったはずなのに、なぜ?」と自分の耳を疑いました。

報道によると、元事務次官の長男は小学校〜高校時代に凄絶ないじめにあい、大学に進学したもののやがて中退。その後、引きこもりになったそうです。そして元事務次官が息子を殺害した理由は、母親への家庭内暴力に耐えかねたのと、同年五月に川崎で起こった、引きこもりの中年男性が児童ら二〇人を殺傷した事件(川崎市登戸児童殺傷事件)を見て、「このままではうちの息子も周りに危害を加えかねない」と不安を感じたからだと言います。

引きこもりは個人の性格や育った家庭環境とも無関係とは言えませんが、この社会に「生きづらさ」を感じる人たちが増えているという意味では、個人だけの問題ではなく、社会全体の問題として考えなければなりません。

引きこもりの原因の多くは、子どもに関してはいじめにあると言われます。いじめは今に始まったことではなく、私の時代にも当然ありました。でも私の時代は、学級のなかでいじめが起こったときは「おいやめろ！　なんであいつばっかり仲間はずれにするんだ」と、いじめっ子に対してモノを言うやつが必ず現れて、助けてくれたものです。言い出すのは、力が強くて気持ちが優しいやつ、成績優秀なやつが多かった気がします。

でもいつのまにかそういう正義感のある子どもは、学校からも地域からもいなくなってしまった。みんな心のなかでは「いじめは悪いことだ。絶対にやってはいけない」とわかっているのに、見て見ぬふりをするようになった。どうしてでしょうか。

これには、子どもの手本となるべき大人が劣化していることが影響していると私は思っています。子どもは大人の姿、行動を見て育ちます。いくら口を酸っぱくして「いじめはいけない」と教育したとしても、大人が陰で誰かをいじめている様子を見たり、家庭での会話が世間のいじめに無関心であったりすれば、子どもは「バレなければ、いじめてもいいんだ」と思ってしまうはずです。

兵庫県神戸市の小学校で起こった教員間のいじめが、少し前にマスコミを騒がせましたが、この事件を見ても大人がどんどん劣化してきているのがわかります。子どもたちを教育する立場にある者は、自ら手本となる行動を子どもに示すのが当たり前なのに、逆に悪い見本を示してしまっている。言語道断です。

政治の世界を見ても同じことが言えます。今の政治家は自分の都合を押し通そうとするばかりで、弱者に寄り添おうとしていません。

たとえば沖縄の基地問題。沖縄の人たちはこれまで何十年も基地問題で苦しめられてきたのに、政治家を含めて多くの国民は言葉は別として、身体、行動は「あれは沖縄の問題で自分たちには関係がない」という態度をとっている。

また、森友・加計問題のときの国会答弁を見てもわかりますが、今の政治家たちは真実をはっきりさせず、うやむやにしがちです。こうした不誠実な態度も、子どもたちはしっかり見ています。子どもたちが政治や社会に興味がないと思ったら大間違いです。小学高学年や中学生ぐらいになれば、大人の世界をちゃんと見ているものです。

「弱い人、困っている人の味方であれ」と言葉では言いながらも、じつはそうはなっていない今の社会、今の大人を知っているからこそ、子どもはそれを無意識のうちに真似て、同じことをしているのではないでしょうか。

話を元事務次官の事件に戻しましょう。いじめに遭って、友達も先生も信用できなくなったとき、唯一味方になってくれるのは誰でしょうか。そう、親しかいません。しかし元事務次官の長男の場合、親に甘えたり頼ったりするのではなく、逆に母親に対して暴力を振るうようになった。父親に暴力を向ければ反撃を受ける可能性があるため、弱い母親がターゲットとなったのです。

なぜ、本来は自分の味方であるはずの親を傷つけるのか。一見理不尽に思えますが、人間は極限まで追い詰められて、どうにもならなくなると、最終的には反逆、つまり暴力へと向かいます。やり場のない怒りは本来ならば社会に向けられるのが普通なのに、彼の場合は身近な母親へと向かってしまったのです。

これほどまで人を追い詰めてしまう社会とはなんだ。一個人の事件に矮小化してはいけないのです。我々の社会全体の問題として考えないかぎり、これからもこうした事件が「個人の悲劇的事件」として起きると思わざるをえません。

## 役所仕事化する仕事の現場

二〇一六年に神奈川の相模原市の知的障害者福祉施設「津久井やまゆり園」で起きた大量殺人事件も、今の社会を象徴する事件と言っていいと思います。「やまゆり園」の元介護職員だった二〇代の若者が、「障害者はいなくなればいい、そのほうが社会や家族のためだ」と考えて、入所者一九人を次々に刺殺したのがこの事件です。

世間では犯人の異常性にばかり注目が集まっているようですが、私はこの事件にも日本社会に蔓延《まんえん》する閉塞感や無力感が深く関係しているように思えてなりません。私の勝手な推測にすぎませんが、おそらく犯人は仕事に対してやりがいや喜びを感じることができなかったのではないでしょうか。

病人や高齢者、障害者など、いわゆる社会的弱者を相手にする介護や看護の仕事は、本来は社会的に評価されるべき仕事、やりがいに満ちた仕事であっていいはずです。でも、実際はそうはなっていないことが多い。

先日、私は腰を悪くしてしばらく病院に入院したのですが、そのときに「看護や介護の現場が、ずいぶん変わってしまったな」と感じました。

人間相手の看護師や介護士の仕事は、患者や入所者と接するなかで、それぞれの相手が一番求めていることを提供してあげることが最も大切になるはずです。しかし、今の病院や介護施設では現場で働く人に、そんなことは求められていません。

「あなたの仕事は入所者の食事の世話と、おむつを替えること」「あなたの仕事は患者に点滴を打って、薬を毎日一錠飲ませること」と命じられたら、その役割をただ黙々とこなすことだけが現場の仕事になってしまっているのです。言われたことだけをやるという点では、ロボットと同じで、人間の感情を出してはいけない。お役所仕事化していると言ってもいいかも知れません。

患者や入所者の生の声を聞いたり、健康状態を見たりして「あの患者さんには、こうしてあげたほうがいいと思います」と現場の人が提案しても、「それはあなたの仕事ではない。もっと上の人の仕事だ」「個別に対応するのは効率的ではないから、みんなと同じにように対応してください」と言われてしまう。

人間はロボットではありません。給料がものすごく高いなら、まだ我慢できるかもしれませんが、介護の仕事の報酬はかなり低いのが現状です。そのため現場で働く人たちはいろんな意味でストレスや不満を抱えてしまうのです。

## 「経営者の論理」が優先されるダメ社会

なぜ、現場のモチベーションをそぐような働き方が、当たり前になってきたのでしょうか。私に言わせれば、それは働かせる側（経営者）が、利益や効率を優先するようになったからです。

本来、病院や介護施設では、消費者（患者や入所者）の論理が最優先されるべきですが、それをやっていると効率が悪くなります。現場で働く人には決められた仕事だけやってもらったほうが管理しやすくなるし、患者や入所者への対応も定められた以外のことはしないと統一したほうが効率的です。

確かに病院や施設を維持していくためには、ある程度は効率や利益を考えることも必要でしょう。しかし、経営者の論理ばかりが優先されるようになると、現場の人たちはどんどん疲弊していきます。自分が何のために働いているのか、仕事の目的や意味さえもわからなくなってくるのです。

専門学校や大学の介護系学部では介護の意味についても学ぶはずですが、現場に出るとそんなことは二の次で、先に述べたように作業をこなすことだけが求められることになります。そうした環境で働き続けていると、最初は「困っている人、苦しんでいる人のために何かをしたい」という大きな夢を抱いて就職したとしても、その原点すらやがて見えなくなってしまいます。

じつはこうした動きは、介護や看護の現場に限ったことではなく、今の一般企業にも見られます。

本来仕事というのはどんな職種、業種であっても、消費者の論理が一番優先されるべきです。使う人のことを考えて、ものづくりをしなくては、いい製品は絶対にできっこないし、サービス業にしても受ける側のことを第一に考えないと、心のこもったサービスは提供できません。

それなのに最近の企業は、経営者の論理や利益ばかり優先するようになってしまいました。それはすなわち、労働者が働く喜びを感じたり、未来の夢を描いたりすることができない社会になってきたことを意味します。そしてそのことに対して、誰も声を上げてはいけない、定められたことだけをしっかり実行すれば良し、としてしまっている。

相模原の事件の犯人も、こうした社会に、やり場のない怒りのようなものを感じていたからこそ、反逆、暴力へと向かったのではないでしょうか。決して暴力は許されるものではありませんが、その根底には日本社会の閉塞感が病巣として横たわっているように、私には思えてなりません。

# 第六章　「心」に夢を！

## この先三〇年、日本の人口は増えることはない

多くの人が政治や社会情勢にまったく関心を示さずに、SNSで「いいね」ばかり集めているようではこの国に未来はないと言っていいでしょう。

こういうことを書くと「そんな説教くさい話はいいから、もっと身近な話をしてくれ」「それと個人の努力に何の関係があるのか」と思われるかもしれませんが、政治や社会情勢はじつは私たちの仕事や働き方といった身近な問題とも大きく係わっています。

日本は今、少子化問題、社会福祉の問題、経済の問題、外交や安全保障の問題など、さまざまな問題を抱え、まさに逆境とでも言うべき状況に陥っています。なかでも出口の見えない深刻な問題となっているのが、少子化問題です。

日本の少子化は想像以上のスピードで進んでいます。一九七三年（第二次ベビーブーム）の出生数が約二一〇万人だったのに対し、二〇一八年の出生数は九一・八万人。およそ半世紀の間に、生まれる子どもの数は半分以下に減ったことになります。二〇一九年は出生数八六・四万人となり、初めて九〇万人を割り込みました。さらにこのまま少子化が進めば、日本の総人口は二〇六〇年には約八七〇〇万人、二一一〇年には約四三〇〇万人にまで減

少すると予想するデータもあるようです。

人口の減少は社会全体に影響を与えるため、すでに労働力不足、年金制度の行き詰まり、地方の過疎化など、さまざまな問題が噴出し始めています。

少子化の理由としては、非正規雇用者の増加によって若者の所得水準が低下したこと、女性の社会進出が進んでいるのに雇用環境の整備が追いついていないことなどが挙げられます。

政府は働き方改革を行ったり（それがお話にならないものだということは第三章で述べた通りです）、少子化になんとか歯止めをかけようと、育児休暇制度の整備、保育所の充実など対策を講じたりしているようですが、あまり効果は上がっていません。おそらく、この先も当分、日本の人口が減ることはあっても増えることはないでしょう。

## 貿易戦争の歴史は繰り返す

少子化問題と同様、日本政府が今頭を悩ませているのが、外交や安全保障の問題です。

これは日本だけではなく世界中が抱えている大問題と言っていいかもしれません。世界のパワーバランスが急激に変化したことで、国家間の紛争や衝突があちこちで起こり始めています。

世界の覇権を握ってきたアメリカと、急成長を遂げ、世界第二位の経済大国となった中国の間に勃発した「米中貿易戦争」もそのひとつです。中国に脅威を感じたトランプ大統領が、中国に対して追加関税を実施したことが米中貿易戦争のきっかけなのですが、大部分の人々が思うように、これは愚策以外の何物でもありません。大統領は貿易のことをよくわかっていないのです。

大統領は「中国がアメリカより強くなっては困る。これ以上国際競争力が高まってはまずい」という理由で、高い関税をかけて中国からの輸入を制限するという政策をとったようですが、そうすると当然その製品は他国から輸入するか、アメリカ国内でつくらなければならなくなります。

新たに工場をつくって労働者を雇えば、これまで輸入に頼っていた製品をアメリカ国内で生産することも可能ですが、中国のような安いコストではつくれません。アメリカ国民は自国の高い製品よりも安い製品を求めるため、結局は中国以外の国、たとえばベトナムや台湾などから製品を輸入することになってしまうのです。

そうすると、今後はベトナムや台湾が中国と同じ立場になるでしょう。中国からの輸入を制限することで一時的にアメリカが優位に立つことができたとしても、同じことの繰り返しになってしまうのです。じつはトランプ大統領に限ったことではなく、アメリカの大統領は同じ過ちをずっと繰り返してきています。

一九七〇〜一九九〇年始めの頃のアメリカの標的は日本でした。日本製のクルマに火をつけたりハンマーでぶっ壊したりして、自動車の輸出自主規制を日本に受け入れさせただけでなく、繊維、半導体などさまざまな輸入制限をアメリカは日本に対して行ったのです。

しかし結果的には、ほぼすべてがアメリカのマイナスに終わりました。高い関税をかけたり輸出を調節したりした分野は、GM(ゼネラルモーターズ)をはじめ、対象の産業界は力を失っていった。

国際経済というものは輸入と輸出の関係の上に成り立っています。それを人為的に調整しようとしても、経済原則から外れているため、絶対にうまくいかないのです。

同じことを、アメリカはそれ以前にもやっています。一九四〇年代の終わりから一九五〇年代初頭に起こった反共産主義運動「マッカーシズム」がそうです。当時はソ連経済が急成長していて、さらに中国共産党による中華人民共和国が成立したことで、共産・社会主義勢力が台頭しました。これを脅威と捉えたアメリカは、覇権を守るために、いわゆる赤狩りや共産主義圏に対する抑圧を行ったのです。

一九五〇年、アメリカはさらに資本主義国を巻き込んで、共産圏への軍事技術・戦略物資の輸出を規制するための「COCOM（対共産圏輸出統制委員会）」を立ち上げました。これも覇権国家アメリカがソ連に対して優位な立場を保つためのものでした。

一九八七年には、日本で「東芝機械COCOM違反事件」なるものが起こりました。「東芝の子会社の共産圏に輸出した工作機械がソ連の潜水艦の開発に使われ、アメリカ軍に潜在的な危機を与えた」と、アメリカが貿易関係国として日本を批判し、東芝製品を輸入禁止にしたのがこの事件です。

アメリカは常に自分の地位を守るために、意味の無い貿易戦争をその都度繰り返してきたということです。

## 「トゥキディディスの罠」に陥らないために

最近のトランプは中国のファーウェイの通信技術、半導体技術に脅威を感じ、なんとか潰そうとやっきになっているようですが、これも日本に火の粉が飛んでくるリスクをはらんでいます。今のところは米中間だけの問題にとどまっていますが、日本は米国の制裁対象国とも取引を行っていますから、今後第二の「東芝機械COCOM違反事件」が起こるのではないか――と懸念する声も日本国内からは上がっているようです。

こうやって過去を振り返ってみると、アメリカの覇権に対するこだわりは尋常でないことがわかります。しかしどんな手段を使ってでも覇権を守りたいという気持ちはアメリカに限らず、歴史的にすべての国、すべての人間が共通に持っているものと言っていいのかもしれません。

「トゥキディディスの罠」(The Thucydides Trap)という言葉をご存知でしょうか。この言葉は『米中戦争前夜』(原題はDestined For War〔戦争の宿命〕)という本を二〇一七年に出版した、ハーバード大学ケネディ行政大学院初代院長のグレアム・T・アリソン(Graham T. Allison、一九四〇―)がつくった新しい言葉で、覇権国家と新たに台頭する新興国との間には、必ず衝突へと向かう罠が隠されていることを表現したものです。古代ギリシア時代、覇権国家スパルタと新興国アテネの間で起こったペロポネソス戦争を記録した歴史家トゥキディディスにちなんで、アリソン教授は、そう名づけたようです。

自分の地位を脅かしそうなライバルが目の前に現れた場合、「あの野郎けしからん！あいつを潰さないといずれは俺がやられる」と攻撃的に考えてしまう人がみなさんのなかにもいるかもしれませんが、それが「トゥキディディスの罠」です。

なぜ人間は、覇権を守るために相手を潰そうと考えるのでしょうか。本当だったら、国家間の覇権争いに勝とうと思ったら、自国の産業に力を注いで競争力を高める努力をすべきです。人間同士の場合も、相手に負けないように自分を磨くべきです。それなのに、なぜ私たちは相手を潰そうと考えてしまうのか。

それは人間の身体のなかには「動物の血」が流れているからです。動物は生存競争に勝つためには、どんな卑怯な手を使ってでも相手を倒そうとします。そうした動物の本能が人間のなかにまだ残っているから、争いごとが起こってしまう。人間には理性が備わっているため本来、理性で本能をコントロールできるはずなのですが、それができなくなってしまうと、「トゥキディディスの罠」にはまってしまうのです。

アメリカと新興国の覇権争いは三〇年周期くらいで起こっているので、おそらく二〇二五年くらいには米中問題は解決し、二〇五〇年あたりに再び同じようなことが起こるのではと懸念する人もいます。これを読んだ方は、ぜひこの話を記憶の片隅に留めておいてください。

## しつこいくらいの誠実さで他国と付き合え

話題を日本に戻しましょう。日本でも米中貿易戦争と同じようなことが、今、韓国との間で起こっています。二〇一九年夏、日本は安全保障上の理由を挙げて、半導体素材の輸出規制を実施し、ホワイト国からも韓国を排除。韓国側もこれに応酬する形で輸出の優遇措置対象国から日本をはずしました。

日韓問題は米中の覇権争いとは異なり、根底には歴史認識の違いがあるようですが、輸出入を規制することで相手にダメージを与えようとしている点では、米中貿易戦争とたいして変わりません。

徴用工の問題に関してはお互いに言い分があるのはわかりますが、日本人と韓国人では文化も歴史も違うし、受けてきた教育も違うため、一方的に「私の考え方が正しい」と主張したところで理解し合えないのは当然です。

日本側が「一九六五年の日韓基本条約ですべて解決済みだ」と主張するのは確かに正論なのですが、韓国の人たちは日本がまだ完全に歴史的に謝罪したとは思っていないのです。

そして「以前、頭を下げて謝罪したじゃないか」とクールな態度で正論を振りかざしてばかりいるから、よけいに妥協点を見出すのが難しくなっています。しつこいと思われるくらい、何度も何度も冷静さを忘れることなく、両国が謙虚に話し合う。そうすれば、韓国の人たちも「日本人は悪いやつだと学校で教えられてきたけど、そんなに悪いやつらでもなさそうだ」となるはずです。

国と国との関係も、結局は人付き合いと同じです。理不尽なことを言ってこられたり、冷淡な態度をとられたりすると「なにくそ！」と、殴りかかりたくなるのはわかりますが、それをやってしまったら関係はさらに悪化してしまいます。歴史的紛争や政治の問題の解決には、長い時間がかかるだろうし、すっきり解決しないかもしれませんが、衝突を避けるには誠意をもって丁寧に対応していくしかないのです。

## アメリカや中国に勝てないならどうすべきか

米中関係にしろ、日韓関係にしろ、今のところは貿易戦争の段階でとどまってはいますが、この先、緊張がどんどん高まっていくと、いつ武力衝突が起こらないとも限りません。戦争は絶対にしてはなりませんが、そもそも「戦争に近づかない」ことが肝心だと、私は考えています。

アメリカ一辺倒を続ければ、やがては戦争に巻き込まれてしまうでしょう。同様に中国に近づきすぎる方向に向かっても、戦争に巻き込まれるリスクは高まります。

つまり、戦争に近づかないためには、分け隔て無くあらゆる国と仲良くしておく必要があるということです。日本は貿易で成り立っている国です。エネルギーの九〇%、食料の六〇%を輸入に頼っているため、中国やイラン、北朝鮮などのように厳しい貿易制裁を受けたら日本人は生きていけません。電気も消えて、車も走らず、食べるものもなくなってしまうのです。そんな状況が続いたらどうなるでしょうか。

すでにいじめの話のなかで申し上げた通り、人間は追い詰められてどうにもならなくなると反逆、暴力へと向かいます。だまって死ぬくらいだったら、相手をやっつけて自分も死のうと考えるようになるのです。

「人が死ぬわけじゃないのだから、貿易戦争くらいいいじゃないか」と軽く考えている人もいますが、貿易戦争がどんどん激化すると、やがては殺し合いに発展してしまうことは歴史を見れば自明の理です。

あらゆる国と良好な関係を築くためには、「日本は他国に対して絶対に嘘をつかない。裏切らない。戦争もしない」という真摯《しんし》な姿勢を世界に誠実にアピールしていくことが大切です。そのためには、ひとつの国の顔色ばかりうかがうのではなく、常に冷静に、誠実に意見を発しなければなりません。

たとえば、北朝鮮が悪いときは「悪い」とはっきり言う。アメリカが間違った行動を起こしたときは「間違っている」とはっきり言う。中国が間違ったときも「間違っている」と言う。

逆にアメリカや中国が正しいことをしたときは「それは正しい」とはっきり言う。つまり、国の損得といったモノサシではなく、世界の平和と国民の生活という、モノサシを基準に判断する必要があります。それができなければ、世界中の国からの信用・信頼を得ることはできません。

先日、中国のトップ企業の方と会う機会があり、私はこんな話をしました。「中国は技術的には進歩しているが、資本主義国に勝てないものがひとつある。それは国の信用・信頼だ」と。

同じ金額のアメリカのドル紙幣と、中国の人民元を目の前に出されたら、ほとんどの人はドルのほうを選ぶでしょう。人民元をもらっても通貨としての国際的信用度が低いため、長く世界に流通していて信頼できるドルを選びたくなるのは当然です。通貨だけでなく、多方面での国家としての信用を手に入れるには、相応の時間と努力が必要なのです。

それを手に入れるには、今後何十年にもわたって日本は「戦争はしない、近づかない。武器は使用しない。すべての国に対して約束を守る」という姿勢を行動で示していかねばなりません。

「みんなと仲良くするなんて腰が引けたことばかり言ってないで、日本もアメリカや中国と肩を並べるくらいの経済大国を目指せばいいじゃないか」と思う人もいるかもしれませんが、それは残念ながら不可能です。人口をはじめ、あまりにも多くの分野で、それらの国々と規模が違いすぎるからです。

中国の現在の総人口は一四億人なのに対し、アメリカは三億三〇〇〇万人、日本は一億二〇〇〇万人。研究者の数で見ると、中国が世界で一番多くて一六二万人、アメリカは一三五万人、日本は六六万人です。

私はよく富士山をたとえ話に使うのですが、裾野が広ければ広いほど、山の高さは高くなります。スポーツや科学の世界も同じで、選手や研究者の数が多ければ多いほど、成し遂げられる成果のレベルも高くなります。だからいくら日本が必死で頑張ったところで、量の面では中国やアメリカにはかないっこないのです。しかし負け惜しみではなく、質の面で日本は長期的には世界で突出する国になりうる、という自負心を強く心に持って努力すれば、間違いなくそうした時代はやってくるでしょう。

## 日本人に足りない部分、欠けている部分

いずれにせよ、日本は物量、人口、資源の面で、アメリカや中国より劣っているのだから、別の部分、つまり国際的な信用・信頼で勝負するしか道はないということです。

そして、世界中のすべての国から信用・信頼されるようになるには、私たち日本人はさらに「頭」と「心」を磨き、人間としての「質」を高めていくことが必要となります。政治や社会情勢が私たち個人の努力と直結するのは、まさにこのような意味においてです。

さらに「嘘をつかない。裏切らない」のはもちろんのこと、「弱いものに寄り添う。自分の利益だけを求めるのではなく、他者のために貢献する」、そういう意識も持たなければいけません。

「頭」を磨くのはともかく、日本人はもともと優しく平和を愛する心を持った国民なのだから、今さら「心」を磨く必要はないのでは、と言う人もいるでしょう。しかし、前章で国際比較を行ったように、日本人は本当に心優しい国民と言えるでしょうか。

他の例も挙げてみましょう。たとえば第二次大戦の際、約二四五万人の日本人が海外で亡くなりましたが、まだ一〇〇万人以上の戦没者の遺骨の帰還を果たせていません。政府

は遺骨収集事業に対しては消極的ですし、ほとんどの日本国民も関心を示さないどころか、戦争で多くの人が亡くなったことすら忘れています。

一方、アメリカの場合は、第二次大戦・朝鮮戦争で行方不明となった兵士の捜索や遺骨の収集に、政府は年間五五億円もの予算を組んでいます。この予算は日本が戦後七〇年の間に遺骨収集に使った金額とほぼ同額です。

彼らには「海外に戦友を置き去りにしてはならない」という気持ちが強く、行方不明の約八万二〇〇〇人すべての骨を回収するべく今も遺骨収集活動が続けられています。

また、意外に思われるかもしれませんが、中国人も優しい一面を持っています。かつて満蒙開拓団として大陸に渡った日本人のうち、約五〇〇〇人の遺骨を埋葬した「日本人公墓」が黒竜江省《こくりゅうこうしょう》方正県《ほうまさけん》につくられています。墓をつくったのは誰だと思いますか。日本人ではなく、周恩来《しゅうおんらい》元首相なのです。

私は中国大使を務めていたときに、このことを知って墓参りに出かけようとしたところ、中国政府から「来てくれるな」と言われました。ちょうど尖閣《せんかく》諸島問題があったときだったので、「あなたの命の保証はできないから、来ないほうがいい」と言われたのです。

もちろん気にせずに私は行きましたが、政府高官で墓参に訪れたのは初めてだったようです。

遺骨収集に積極的でないから、日本人は冷酷だと決めつけるつもりはありませんが、いじめや引きこもりの話を含め、アメリカや中国と比べて日本人が特別に優しいかと問われると、必ずしもそう断言できないのではないでしょうか。

日本人の多くは「日本人は他国の人よりも心優しい国民だ」と思っているようですが、それは単なる自惚《うぬぼ》れです。足りない部分、欠けている部分が日本人にもたくさんあります。もっと謙虚にならなくてはいけません。

## ＡＩ vs. 人間の「心」

私たちが「心」を磨かなければいけない理由はそれだけではありません。ＡＩ（人工知能）技術が進化し、私たちが携わっている多くの仕事を、人間に代わってロボットが担う時代がすぐそこまで近づいているからです。

ＡＩ技術の進化は記憶力と分析能力に関してとりわけめざましく、すでに囲碁、将棋、チェスといったゲームの分野では人間の頭脳に勝利しています。クルマの自動運転に関しても、ほぼ実用化可能のレベルまで達しつつあるし、ＡＩを搭載した産業用ドローンの開発も順調に進んでいます。こうした状況を見ても、近いうちに私たちの仕事の一部や生活がＡＩによって大きく様変わりするのは確実です。

ＡＩが人間の知能を超えて、人間に代わって文明の主役を担うようになる「シンギュラリティ（技術的特異点）」が、二〇四五年までに到来すると語る学者もいるようです。そのため「人間がロボットに支配される日が来るのではないか」と心配する人もいます。しかし、「ロボットは人間が使うモノであり、人間の力の可能性を広げるためのツール」ということを忘れずに開発を続けていけば、主従関係が逆になることは、まずありえないはずです。なぜなら人間を傷つけるようなロボットを人間がつくるわけがないからです。

その一方で、すでにものづくりの現場では多くの産業用ロボットが活躍しているように、今後はあらゆる分野の仕事を人間の指示でロボットが担うようになっていくのは確かでしょう。

それでも、すべての仕事がロボットにとって代わられるわけではありません。なぜならＡＩは先ほど述べたように記憶力や分析能力では人間に勝っていますが、いくらテクノロジーが進化しても、当面（たぶん今後数十年のあいだは）ロボットは人間のような「心」を持つことはできないからです。

私が「心」を磨かなければいけないと言っている、もうひとつの理由もここにあります。ロボットに「可哀相な目に遭った人間を見かけたときは、涙を流しながらお悔やみの言葉をかけてあげなさい」と命じたところで、彼らはあらかじめプログラミングされたシーンでしか涙は流せません。相手の気持ちを察したり、相手に共感したりする「心」をロボットは持ち合わせていないのです。

そのため、いくらロボットが活躍する社会になったとしても、ここ数十年は心や感情が伴う仕事は人間が引き続き行うはずです。たとえば、介護や看護、教育、サービス業など、相手への共感が必要とされる職業は、人間の仕事として残っていくでしょう。

またロボットは、メモリーされた情報のなかから必要なものを選び出したり、いくつかを組み合わせたりしながら何かをつくっていくことは得意ですが、まったくのゼロから新しいものを創造することは苦手です。商品の新規開発のような仕事や、画家や作家などクリエイティブな仕事も、引き続き人間の仕事として残っていくはずです。

## 「心」を磨くには努力しかない

「私は人とのコミュニケーションも苦手だし、特別な想像力も持ち合わせていない。AI社会になったらどうしよう」と不安に思っている人もいるでしょうが、そんなにケチケチしたことを心配する必要はありません。

なぜならAI社会が到来すると産業構造自体ががらりと変わるため、AIに作業のやり方をプログラミングする仕事や、ロボットの保守点検など、今までになかった仕事が新たに生まれてくることになるからです。

仕事の現場だけでなく、やがては生活のなかにもAIが入り込んでくることになるでしょう。私が理想と考えているのは、自分の手助けをしてくれる秘書のようなロボットを一人が一台所有する社会です。ロボットにはそれぞれのオーナーの性格や嗜好など細かい個人情報がプログラミングされていて、その人にあった反応・行動をロボットが実行してくれる。

たとえば私が「博多駅の近くのホテルを予約してくれ」と命令したら、細かいことは言わなくても「丹羽さんは、朝食付きの小さな部屋で、宿泊費のなるべく安いところを希望しているはずだ」と勝手にロボットが判断して、予約の手続きをしてくれる。そんなＡＩ秘書がいたらどんなに便利でしょうか。

こまごまとしたことはすべてロボットに任せられるので仕事の効率も上がるし、生産性もアップします。ロボットが家事や雑用をフォローしてくれることで時間的余裕ができるため、女性の社会進出を後押しすることにもなるはずです。

そして、こうしたロボットの開発こそ日本人の最も得意とする繊細な技術が重要になります。それに日本が国を挙げて取り組むようになるのが、私の理想です。日本ほど少子高齢化が進んでいる国は他にはありません。今後、他の先進国もやがて少子高齢化社会を迎えることを思えば、他国に先駆けてロボットを開発する意義は十分あるし、ビジネスとしてもチャンスだと思うのです。

基本となる技術や素材はアメリカや中国などから輸入して、日本が製品として形にする。もしそれができれば日本に新たな基幹産業が誕生するだけでなく、世界中から尊敬される国へと成長していくはずです。

今の日本が未来の見えない社会、将来に希望を抱きにくい社会になってきているのは確かです。しかし、企業であれ国であれ、それを動かしているのは私たち人間です。我々が変わらずして、企業や国だけが変わることはありません。

それぞれの人間が、人として成長するために努力し続けることが、日本を成長させ、強くし、人々を幸せに導くことにつながっていくということです。

そして何度も繰り返しになりますが、自分を磨き、人間としても国としても成長するためには、我々の「努力・努力・努力」——全力で目の前の仕事に取り組むこと以外に、正道はないのです。

# おわりに

「Post Truth」を地で行っている国、日本。最近、そのことを強く感じます。

本書のなかで、「世界幸福度報告」について触れましたが、それが始まった二〇一二年から現在まで、日本の順位は基本的に下がり続けています。

客観的に見て、幸福であるとは考えられなくなってきているということでしょう。その理由としては、六つの項目のうち、「社会の寛容さ」「社会的支援の充実ぶり」「人生の選択の自由度」が先進国のなかでかなり低いことが挙げられます。

にもかかわらず、私たちが危機感を持ちにくいのは、観光客が順調に増えており、日本が世界でも人気のある国だというイメージが巷に流布されているからでしょう。確かに彼らは日本をとても楽しんでいるように見えますし、日本のことが好きそうです。

しかし、現実はもう少し複雑です。

そんな彼らに「では、日本に住んではどうですか?」と聞くと、「住みたい」と答える人はほとんどいないというのです。つまり、今、日本の経済が停滞していて、物価が安いから、リーズナブルな観光地としてやってきているだけの人が大多数なのです。

多くの日本人が、茹でガエルのように安閑《あんかん》として、将来への危機感をもたず、真実も直視せず、日本を誰もが住みたくなるいい国だと思って現状に満足をしてしまっているようでは、すぐに中国や韓国に追い抜かれてしまうでしょう。この本のなかで、私がしつこいぐらい「努力、努力」と言ってきたのには、じつはこうした思いが背景にあります。

結局はそこで働いたり暮らしたりしている人が、日本盛衰のすべてだということです。だからこそ私たち一人ひとりの個人が後悔なしに生きるために努力が必要なことはもちろんですが、日本を世界の人々に対して自慢できる国にしていくためにも、できることは老若男女、努力しかないのです。

丹羽宇一郎

二〇一九年一二月

編集協力　中村宏覚
校閲　猪熊良子
DTP　佐藤裕久

丹羽宇一郎　にわ・ういちろう
1939年、愛知県生まれ。
元伊藤忠商事株式会社会長、元中華人民共和国特命全権大使。
名古屋大学法学部卒業後、伊藤忠商事に入社し、
1998年に社長、2004年に会長就任。
内閣府経済財政諮問会議議員、
内閣府地方分権改革推進委員会委員長、日本郵政取締役、
国際連合世界食糧計画(WFP)協会会長などを歴任。
現在、公益社団法人日本中国友好協会会長、
一般社団法人グローバルビジネス学会会長、
福井県立大学客員教授、伊藤忠商事名誉理事。
著書多数。

NHK出版新書 613

死ぬまで、努力
いくつになっても「伸びしろ」はある

2020年2月10日　第1刷発行
2020年2月15日　第2刷発行

著者　丹羽宇一郎　©2020 Niwa Uichiro
発行者　森永公紀
発行所　NHK出版
〒150-8081 東京都渋谷区宇田川町41-1
電話 (0570) 002-247 (編集) (0570) 000-321 (注文)
http://www.nhk-book.co.jp (ホームページ)
振替 00110-1-49701

ブックデザイン　albireo
印刷　新藤慶昌堂・近代美術
製本　藤田製本


Printed in Japan ISBN978-4-14-088613-7 C0234

## NHK出版新書好評既刊

**誰も知らない レオナルド・ダ・ヴィンチ**
斎藤泰弘
芸術家であり、科学者でもあった「世紀の偉人」がなりたかったのは、「水」の研究者だった？ 自筆ノートから見えてくる「天才画家」の正体とは――。
598

**男の「きょうの料理」**
絶品！ ふわとろ親子丼の作りかた
NHK出版［編］
NHK「きょうの料理」とともに歩んできた番組テキストで紹介されたレシピの中から、しっかり作れてきちんとおいしい「丼」70品を厳選収載！
599

**日本語と論理**
哲学者、その謎に挑む
飯田 隆
「多くのこども」と「こどもの多く」はどう違う？「こどもが三人分いる」が正しい場合とは？ 日本語のビミョウな論理に迫る「ことばの哲学」入門！
600

**世襲の日本史**
「階級社会」はいかに生まれたか
本郷和人
日本史を動かしてきたのは「世襲」であり、「地位より家」の大原則だった。摂関政治から明治維新までの流れを読み解き、日本社会の構造に迫る！
601

**プラトン哲学への旅**
エロースとは何者か
納富信留
えっ!? 紀元前のアテナイでソクラテスと「愛」について対話する？ プラトン研究の第一人者が『饗宴』を再現して挑む、驚きのギリシア哲学入門書。
602

**AI以後**
変貌するテクノロジーの危機と希望
丸山俊一＋NHK取材班［編著］
脅威論も万能論も越えた「AI時代」のリアルとは？ ダニエル・デネットなど4人の世界的知性が、人類とAIをめぐる最先端のビジョンを語る。
603

## NHK出版新書好評既刊

**残酷な進化論**
なぜ私たちは「不完全」なのか
更科 功
心臓病・腰痛・難産になるよう、ヒトは進化した！『絶滅の人類史』の著者が最新研究から人体進化の不都合な真実に迫る、知的エンターテインメント！
604

**親の脳を癒やせば子どもの脳は変わる**
友田明美
親の脳も傷ついていた。脳研究に携わる小児精神科医が、脳とこころを傷つけずに子どもと向き合う方法を最新の科学的知見に基づいて解説する。
605

**森保ジャパン 世界で勝つための条件**
日本代表監督論
後藤健生
新生サッカー日本代表「森保ジャパン」が世界の壁を突破するためには、何が必要なのか？ 代表監督の系譜から考える。歴代監督12人の独自採点付き。
606

**証言 治安維持法**
「検挙者10万人の記録」が明かす真実
NHK「ETV特集」取材班［著］
荻野富士夫［監修］
1925年から20年間にわたって運用された治安維持法。当事者の生々しい肉声と検挙者数のデータから、その実態に迫った「ETV特集」の書籍化。
607

**明智光秀**
牢人医師はなぜ謀反人となったか
早島大祐
文武兼ね備えたエリート武将は、いかに本能寺の変へと追い詰められたか。気鋭の中世史家が最新の研究成果を踏まえ、諸説を排し実証的に迫る渾身作！
608

**マグロの最高峰**
中原一歩
豊洲で一日に並ぶ二百本の上位「一、二本」は何が違うのか？ 漁師・仲買人・鮨職人に長年密着取材してきた作家による、究極の「マグロ入門」誕生！
609